DÉLÉGATION ÉGYPTIENNE

*

RAPPORT

PRÉSENTÉ A LA CONFÉRENCE DE LA PAIX

SUR LA

RÉPRESSION PAR LES TROUPES BRITANNIQUES DU MOUVEMENT NATIONAL ÉGYPTIEN DU MOIS DE MARS 1919

Cet ouvrage ne peut être mis en vente, ni distribué sur la voie publique

RAPPORT

PRÉSENTÉ A LA CONFÉRENCE DE LA PAIX

SUR LA

RÉPRESSION PAR LES TROUPES BRITANNIQUES DU MOUVEMENT NATIONAL EGYPTIEN DU MOIS DE MARS 1919

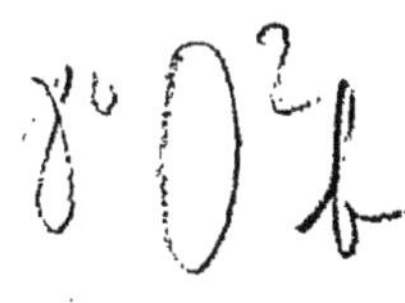

PARIS
IMPRIMERIE TYPOGRAPHIQUE H. RICHARD
3, rue Milton

1919

Paris, le 28 juin 1919.

RAPPORT

présenté à la Conférence de la paix

sur la

Répression par les Troupes Britanniques du Mouvement National Egyptien du mois de Mars 1919

Dans une précédente requête nous avions eu l'honneur d'exposer à la Conférence de la Paix les raisons pour lesquelles il était nécessaire que nous fussions entendus, la Conférence étant seule compétente pour le règlement de la question Egyptienne, et les principes posés comme base à l'armistice et à la paix, principes formulés dans les quatorze points du Président Wilson et dans ses discours ultérieurs, lui faisant une obligation de nous entendre avant de décider de notre sort.

Nous avions fait ressortir avec évidence que nos droits acquis et reconnus par le traité de 1840-41 ne pouvaient logiquement nous être ôtés à la suite d'une guerre où nous avons été les collaborateurs fidèles des vainqueurs et non les complices des vaincus. Nous avions fait ressortir également que, vu cette situation, il était inadmissible que les Alliés nous appliquent un traitement pire que celui qu'ils appliquent à des ennemis qui ont pendant quatre ans porté les armes contre eux. tels les Polonais, les Yougo-Slaves, etc., pire même que celui qu'on inflige à des régions détachées de l'Empire Turc — à preuve que d'aucunes ont déjà recouvré leur indépendance ou ont été entendues à la Conférence de la Paix — alors que ces mêmes régions étaient des provinces qui dépendaient de l'Egypte, à plusieurs époques de son histoire ancienne et moderne, et pas plus tard qu'au siècle dernier.

La Conférence des Alliés et des Associés n'a pas répondu à notre appel et elle n'a pas discuté notre cause : il semble qu'elle se se soit contentée de considérer le Protectorat britannique sur l'Egypte comme un acte définitif et légal; et c'est ainsi que dans le Traité de Paix elle en a imposé la reconnaissance aux ennemis, alors que le Protectorat est nul, n'ayant pas été demandé par les Egyptiens qui n'y étaient pas partie et qui n'y ont jamais consenti. La reconnaissance d'un tel Protectorat, par le Traité de Paix, ne saurait en aucun cas lui faire acquérir un caractère de légalité.

Du reste, les agissements des Anglais en Egypte pendant la durée de l'occupation et surtout pendant la guerre et après l'armistice ont creusé entre eux et nous un abîme si profond qu'il est devenu radicalement impossible que les Egyptiens puissent accepter désormais l'association des Anglais, en admettant que, par impossible, ils aient pu consentir antérieurement à la domination étrangère.

Nous allons faire à la Conférence un exposé succinct des différentes formes des atrocités commises dans notre pays. La Conférence jugera ainsi que les Egyptiens, après de tels traitements, ne peuvent plus vivre sous le Protectorat Britannique, de la vie d'un peuple qui aspire à assumer lui aussi une part des devoirs que l'humanité impose à tout un peuple civilisé, et elle daignera, nous l'espérons, examiner notre cas à nouveau.

Sans doute il serait naturel que nous hésitions à élever la voix du peuple Egyptien pour se plaindre des cruelles vengeances dont il est l'objet, vengeances tirées au nom de la grande démocratie anglaise, mais certainement à son insu. Il serait tout naturel que nous hésitions à imputer de telles atrocités à la glorieuse armée britannique au moment même où elle sortait de la bataille, couronnée des lauriers de la victoire. Mais notre hésitation ne pourrait provenir du manque d'importance des faits qui font l'objet de notre plainte, ou des preuves qui sont là pour les établir. Nullement. Mais n'y avait-il pas de quoi douter de la justice devant les combinaisons diplomatiques des hommes d'Etat qui tiennent en mains les rênes des grandes puissances, et qui, par un habituel échange de complaisances politiques, se partagent, aux dépens de la justice et du droit, la dépouille des faibles.

N'y avait-il pas de quoi douter de la justice devant la tactique du parti impérialiste anglais qui depuis qu'il a décidé de posséder l'Egypte ne recule point à nous présenter, selon les circonstances, sous les diverses formes de la réaction, dépeignant d'abord notre mouvement comme dicté par le fanatisme, mais démenti par les faits, le présentant ensuite comme inspiré par la xénophobie, et démenti là encore; finissant par nous accuser d'agir comme agents de la Turquie et de l'Allemagne. Tout cela dans le but de nous aliéner la sympathie et l'appui que nous attendons de l'opinion publique du monde civilisé en général et de la Grande-Bretagne en particulier?

Enfin n'y avait-il pas de quoi douter de la justice devant tous les obstacles semés à plaisir et qui empêchaient la faible voix de nos plaintes de se faire entendre parmi les fracas de la puissante voix de l'Angleterre dans le monde?

Et cependant non, nous conservons quand même notre espoir dans la justice de la Conférence qui a substitué aux anciennes théories politiques les principes nouveaux de justice et de droit; nous nous refusons à concevoir qu'en cette heure solennelle de l'histoire même de la civilisation, les vils intérêts matériels puissent étouffer complètement au fond des consciences, non seulement les sentiments de droit et de justice mais encore les sentiments les plus élémentaires d'humanité. Il ne peut pas ne pas se trouver parmi les libéraux des Etats-Unis, de France, d'Italie et de l'Angleterre elle-même des hommes qui veuillent bien écouter nos plaintes et le récit des atrocités commises contre les Egyptiens et des humiliations qui leur sont imposées en récompense de l'aide qu'ils ont fournie aux Alliés pour l'heureuse issue de la guerre.

Les Anglais ne nous en veulent, semble-t-il, que parce que nous avons eu confiance dans les principes proclamés par les Alliés et parce que nous avons revendiqué notre indépendance, en nous réclamant en outre de notre droit naturel, de ces mêmes principes et parce qu'enfin nous avons demandé la contre-valeur des énormes sacrifices que nous avons consentis à la cause des Alliés et qui furent, de l'aveu du général Allenby, le principal facteur de la victoire sur le théâtre Asiatique.

Certainement, il nous est très pénible de faire assumer aux fils de la plus grande nation civilisée les cruelles atrocités dont nous sommes victimes, mais les Egyptiens pouvaient-ils se tenir les bras croisés et garder un silence absolu en présence des différentes formes du martyre qu'on leur inflige, sans qu'ils aient commis le moindre crime? Sans doute nous ne pouvons ignorer que le fort a toujours tendance à abuser de sa force, et c'est toujours une regrettable faiblesse que d'en abuser pour dépasser les limites d'un traitement raisonnable à appliquer à l'ennemi. Mais quant à nous, nous n'avons jamais été en guerre contre elle : au contraire, nous l'aidions de toutes nos forces jusqu'à hier. Or si l'excès contre l'ennemi est une chose répréhensible, que penser des excès commis contre un peuple ami et allié et des atteintes apportées à sa liberté et à sa vie?

Pouvons-nous garder le silence et ne pas nous plaindre devant la décision par laquelle tout Egyptien, si haut placé qu'il soit, doit au passage d'un officier britannique se tenir debout et lui présenter ses hommages? Pouvons-nous garder le silence et ne pas nous plaindre devant le viol de nos femmes, l'incendie de nos villages — l'assassinat en bloc des innocents — tout cela froidement décidé et exécuté parce que la volonté bien arrêtée de nos adversaires est de nous humilier?

Non, la noble nation anglaise ne peut pas permettre que de telles atrocités soient commises en son nom contre un peuple au glorieux passé et dont le pays n'a pas eu de ces « res nullius » sujet à exploration et dont le premier occupant a la libre disposition. Non, les libéraux britanniques eux-mêmes seront les premiers à s'indigner de ces iniquités? Car si la fierté anglaise s'offusque de telles accusations, à plus forte raison ne saurait-elle approuver les injustices.

I

Miss Durham publiait, dans le *Daily News* du 2 avril 1919, un article auquel nous empruntons les lignes suivantes :

« Je me trouvais en Egypte, de novembre 1915 à avril 1916, et je suis d'accord avec Dr. Raden Guest sur le fait que les troubles actuels sont dus à notre façon d'agir à l'égard des Egyptiens. Les autorités étaient certes blâmables pour avoir envoyé en Egypte des troupes coloniales sans donner des instructions quant aux rapports qu'elles devaient avoir avec la population. Nombre de ces hommes étaient à tel point ignorants qu'ils s'imaginaient que l'Egypte était anglaise et que les indigènes étaient des hommes de couleur introduits dans le pays : « Pourquoi ces nègres étaient-ils donc autorisés à s'établir ici? »

« Plus d'un Australien disait qu'il en eût nettoyé le pays si cela lui eût été permis. Ils ont traité les indigènes avec cruauté et dédain. Dans la cantine, où je travaillais, un très bon domestique indigène reçut des coups de pied, simplement parce qu'il n'avait pas compris un ordre donné par un soldat. Un indigène cultivé de la ville fut frappé sur la bouche et se vit arracher sa canne qui était d'une certaine valeur par un soldat. Plus d'un résident anglais m'a dit « qu'il faudra des années pour effacer le tort causé ici par l'armée. »

. . . .

« On m'a rapporté, je ne sais à quel point le fait est exact, que des soldats ivres avaient arraché leurs voiles aux femmes musulmanes. Du reste, les indigènes ajoutent foi à ces récits. « Il n'y a donc pas lieu de s'étonner s'ils nous craignent et nous haïssent. »

C'est là un tableau exact du moins dur, cependant, des traitements infligés aux Egyptiens pendant la guerre par ces mêmes soldats qu'ils ont aidés de toutes leurs forces à remporter la victoire. Les Egyptiens patientèrent; ils ne voulurent voir là qu'un des mille sacrifices — sacrifices d'amour-propre ou autres qu'ils devaient consentir pour recouvrer enfin leur indépendance lorsque, la victoire obtenue, les Alliés commenceraient d'appliquer les principes pour lesquels ils ont toujours déclaré qu'ils combattaient. Néanmoins, ce dur et humiliant traitement ne devait rien être auprès des atrocités qui marquèrent le régime qui suivit l'armistice et dont on aura une idée par les annexes que nous publions plus loin.

Mais la situation générale était de nature à modifier les sentiments des Egyptiens et à dissimuler leur espoir dans la juste récompense à laquelle ils étaient en droit de s'attendre de la part de l'Angleterre. Celle-ci, pensaient-ils, se devait de les aider à recouvrer cette indépendance, but suprême de toute leur vie, d'autant plus qu'en cela l'Angleterre ne ferait qu'exécuter des promesses mille fois réitérées.

Mais, bien au contraire, les mauvais traitements infligés aux Egyptiens par les soldats britanniques furent complétés par toute une série d'humiliations officielles qui excitèrent naturellement le ressentiment de toutes les classes du peuple. En effet, les méthodes employées dans l'organisation de ce qu'on s'est plu à appeler le volontariat, comme dans la réquisition des matières nécessaires à l'armée, furent empreintes d'un esprit si totalement dépourvu de bienveillance et d'équité que le mécontentement dépassa la classe ouvrière, atteinte plus directement, et gagna jusqu'à la classe moyenne. Ce mécontentement s'aggrava encore devant les menaces que les jeunes inspecteurs anglais adressaient à certains notables au sujet du traitement plus dur encore qui serait appliqué lorsque l'Egypte serait entièrement dévolue à l'Angleterre.

Entre temps, les Autorités jugeant inutile de cacher plus longtemps leurs intentions véritables, élaborèrent les projets de loi pour après l'établissement définitif du Protectorat ainsi que le projet de la nouvelle loi organique où les Egyptiens étaient considérés comme une quantité négligeable et ne devaient plus avoir qu'une part dérisoire dans le gouvernement de leur pays. Bref, par ces différents projets, on ne tendait à rien moins qu'à faire totalement perdre à l'Egypte l'autonomie qu'elle avait gagnée au prix du sang de ses enfants, et que les Puissances lui avaient garantie par le traité de 1841.

C'est alors seulement que le peuple égyptien commença à se désespérer en voyant le peu de cas que la Grande-Bretagne faisait du traité de Londres et des engagements officiellement pris par ses hommes d'Etat.

II

Comme, l'armistice conclu, la Turquie se trouvait dans une situation qui ne lui permettait plus de prétendre à la suzeraineté de l'Egypte, celle-ci devenant, *ipso facto*, indépendante, le peuple nomma précisément notre Délégation à l'effet de demander à la Conférence de consacrer en fait l'indépendance que nous possédions en droit — la situation de l'Angleterre ne reposant sur aucun fondement juridique, pas plus sur un droit de conquête que sur une convention préalable.

Cependant les autorités britanniques interdirent pendant plus de cinq mois le départ de la Délégation pour l'Europe. L'opinion publique se souleva, insistant pour que l'autorisation fût accordée. Le ministère lui-même se solidarisa avec l'opinion et présenta sa démission qui fut acceptée. C'est alors que l'autorité militaire anglaise intervint pour ordonner l'arrestation et la déportation à Malte du chef de la Délégation et de trois de ses collègues. C'est à la suite de cette mesure inexplicable qu'eurent lieu dans tout le pays des manifestations pacifiques auxquelles prirent part toutes les classes de la société.

Les fonctionnaires du Gouvernement eux-mêmes et tout le personnel des services de transport décidèrent la grève. Les Anglais purent ainsi se rendre compte que dans toute l'étendue du territoire il n'existait pas un seul Egyptien qui consentît à leur domination. Ils persistèrent néanmoins à vouloir gouverner, par la force des armes, un peuple qui ne voulait point d'eux.

Effectivement les manifestations, pacifiques entre toutes, furent brutalement accueillies par le feu des mitrailleuses qui couchèrent par dizaines les malheureux manifestants désarmés. (Les Egyptiens avaient été successivement privés de leurs armes dans différentes circonstances antérieures.) Mais rien ne pouvait les arrêter. Leur foi inébranlable dans les principes du Président Wilson, et leur ferme volonté d'obtenir leur Indépendance, les poussaient à manifester encore et toujours, en dépit de la mort qui les guettait et vers laquelle ils s'avançaient par groupes, extasiés, faisant pour la liberté le sacrifice de leur vie. Le nombre de ceux qui tombèrent ainsi pour le triomphe de leur idéal s'élève à beaucoup plus de mille qui est le chiffre donné à la Chambre des Communes le 15 mai dernier.

Les femmes elles-mêmes ne furent pas épargnées, et sans parler de celles qui tombèrent au champ d'honneur des manifestations nationales, nous citerons le cas de ces grandes Dames de la société du Caire qui, ayant organisé une manifestation pour protester auprès des Agences diplomatiques contre le meurtre de jeunes gens innocents, se virent soudain cernées de tous côtés par des soldats anglais qui braquèrent sur elles leurs fusils, ce qui inspira à l'une d'elle ces mots : « Mais faites donc une seconde Miss Cavell ». Elles furent gardées à vue pendant près de deux heures sous un soleil brûlant, ainsi qu'en peuvent témoigner les personnes des Agences des Etats-Unis et d'Italie. Il semble que les Anglais furent frappés autant que contrariés par la profondeur du mouvement égyptien, et non moins étonnés de leur impuissance à l'étouffer; c'est alors que l'esprit de vengeance s'empara d'eux et qu'ils se laissèrent aller aux plus fâcheux excès. Non contents désormais d'enrayer les manifestations au moyen de fusils et de mitrailleuses, ils se livrèrent dans plusieurs localités au viol, à l'assassinat de paisibles populations, au pillage, à l'incendie. Le tout sous les prétextes les plus futiles ou même sans prétexte. Il ne s'agissait plus d'attentats individuels commis par quelques soldats isolés, tels ceux dont furent l'objet le Ministre de la Justice et le Président de l'Assemblée Législative, frappés et volés en pleine rue du Caire, les attaques se font désormais par de forts détachements militaires, sous le commandement de leurs officiers. (Voir les annexes ci-après : incendie des villages de Chobak, Azizia, Bedrechein, Chabanat, Nazlet Bilal, etc...).

On ne peut que s'étonner en lisant cette version de l'incendie du village d'Azizia donnée par un communiqué officiel.

« De fausses rumeurs ayant circulé relativement aux événements d'Azizia, un rapport spécial a été demandé au commandant des forces qui se trouvent sur les lieux. Il déclare que les villages d'Azizia et de Bedrechein avaient été signalés comme repères notoires de Bédouins armés. Des perquisitions furent en conséquence faites dans ces deux villages le 28 mars. ·

« A Azizia, on trouva une grande quantité d'armes. Au cours de ces recherches, quelques-uns des émeutiers cherchèrent à s'échapper par les terrasses en sautant de maison en maison. Ces terrasses étant trop faibles s'effondrèrent sous leur poids et la chute des débris sur les foyers ou les lampes à pétrole allumées à l'intérieur des maisons provoqua plusieurs incendies dans le village. »

Il apparaîtrait, en effet, du procès-verbal du Conseil Provincial de la Moudirieh (département) de Guiseh que la responsabilité de ce communiqué aurait incombé à un officier britannique qui aurait été transféré ailleurs après avoir été l'objet d'une mesure disciplinaire. Toujours est-il que ce fait ne serait pas parvenu à la connaissance du Gouvernement Anglais qui continue à se prévaloir du dit communiqué, lors de la discussion des affaires d'Egypte au Parlement (*Voir annexe No. 1.*).

Quelles que soient les excuses que l'on puisse présenter pour atténuer la portée des crimes commis tant dans certaines localités du Caire que dans les villes et les villages des provinces, il suffira d'en énumérer quelques-uns pour que l'on se fasse une idée des traitements iniques infligés aux Egyptiens. Nous avons traduit littéralement les plaintes et les dépositions qui émanent, pour la plupart du temps, de gens du peuple et dont la puérilité peut prêter à sourire. Mais leur ton même de sincérité naïve donne une idée singulièrement frappante des cruautés dont ils eurent à souffrir.

1° La liberté individuelle n'est pas respectée en Egypte. Ceux qui nous dominent n'ont aucun souci de l'amour-propre de tout un peuple. En effet, le général commandant les forces britanniques de la Haute-Egypte a décidé que tout Egyptien devait présenter ses hommages aux officiers britanniques passant dans la rue, sous peine d'être renvoyé devant la Cour Martiale. Cette mesure ne fut pas plutôt prise que les notables et les fonctionnaires supérieurs s'enfermèrent chez eux et s'abstinrent de sortir, délaissant leurs affaires personnelles et celles de l'Etat.

(Voir rapport du Président du Tribunal de Keneh, adressé au Ministre de la Justice, annexe N°ˢ 4 et 5.

2° Le principe de l'inviolabilité n'est pas pris en considération. On ne respecte pas la femme, on se soucie peu de la vie et des biens des innocents.

a) Le 30 mars, un train blindé, transportant plusieurs centaines de soldats anglais, s'arrêta à la hauteur du village de Chobak. Un certain nombre de soldats pénétrèrent dans le village, pillant tout ce qui était à leur portée sans rencontrer la moindre résistance. Ils s'attaquèrent alors à l'honneur des femmes. Malheur à celle qui voulait se défendre, elle était aussitôt abattue; malheur à l'homme qui aurait voulu intervenir, il aurait subi le même sort. Un mari qui voulut s'interposer fut immédiatement fusillé. Le village fut ensuite incendié. Cent quarante quatre maisons furent ainsi détruites; de tout le village, il ne reste debout que cinquante-six maisons. On évalue le nombre des morts à vingt et un et celui des blessés à douze. Quelques-uns subirent un martyre raffiné : les soldats enterrèrent le Cheikh El-Balad (adjoint du maire), son fils, son frère et deux autres personnes jusqu'à mi-corps et les lardèrent de coups de baïonnettes jusqu'à ce que mort s'ensuivit. (*Voir procès-verbal d'enquête, annexe* N° 3, *et procès-verbal du Conseil Provincial de Guiseh, annexe* N° 1.)

b) Un détachement de près de cent soldats conduits par leurs officiers se dirigea vers le village d'Azizia, tandis qu'un autre de même importance se dirigeait sur Bedrechein. Motif? Perquisition d'armes. Les soldats, après avoir pillé les deux villages, brûlèrent un grand nombre de maisons. (*Voir annexes* N°ˢ 1 et 2.)

c) Dans certains quartiers du Caire, les soldats s'attaquèrent aux habitants, les dépouillant de tout ce qu'ils trouvaient comme argent et objets précieux. Dans un seul quartier et pour une seule nuit, les crimes dénoncés à la police s'élèvent au nombre de trente-deux. Les victimes appartenaient à toutes les classes de la société : généraux, notables, gens du peuple (*Voir annexes* N°s 6 et 7 portant l'histoire d'une femme qui, pourchassée par les soldats, parvint avec l'aide de son mari à fuir et à arriver chez elle, mais à sa porte les soldats tirèrent sur elle et la tuèrent) (*Voir annexe* N° 8). Une petite fille de dix ans fut violée par plusieurs soldats et fut ensuite trouvée morte.

3° Méconnaissance des règles les plus élémentaires de justice.

a) Sous prétexte que dans la circonscription du village d'El-Chabanat un soldat indien fut tué, un détachement de soldats anglais pénétra dans le village et, après l'avoir pillé, le brûlèrent, laissant plus de 4.000 personnes sans abri, tout cela sans enquête naturellement, et sans la moindre preuve d'un crime déterminé. (*Voir annexes* N°s 9 et 10.)

b) Sous prétexte qu'un coup de feu aurait été tiré sur une patrouille britannique qui passait à une certaine distance du village de Kafr-Mousead les soldats entrèrent dans le dit village et dans ceux de Choubra-El-Hagga, ainsi que dans les hameaux qui en dépendent. Ils firent comparaître toute la population mâle qui fut condamnée à être flagellée sur le ventre et sur le dos. Malgré l'interdiction absolue de voyager, quelques-unes des victimes, dont l'état était moins grave, furent présentées à des médecins qui firent les constatations nécessaires. Des photographies de ces malheureux ont été prises. (*Voir annexe* N° 11 *et photographies.*)

c) Dans le district (arrondissement) de Kafr El-Chaikh, les autorités britanniques firent un usage courant du fouet et forcèrent les omdehs (maires) à leur fournir, à tort et à travers, des hommes pour être flagellés. (*Voir lettre du moudir (préfet) de la Gerbieh au Ministre de l'Intérieur, annexe* N° 12.)

III

Ce n'est là qu'un résumé succinct de quelques faits qui ont été puisés dans les requêtes des plaignants, les registres de la police, la correspondance et les procès-verbaux officiels. Telle est la triste situation faite au peuple égyptien par les dirigeants anglais. C'est un fait évident aujourd'hui que l'Egypte tout entière repousse avec la dernière énergie la domination britannique. La volonté unanime de tout un peuple homogène et réunissant les conditions ethnologiques nécessaires pour former son unité nationale, est la meilleure preuve qu'il est digne de l'Indépendance. L'Egypte ne peut plus accepter désormais la domination étrangère. Ce serait donc une injustice criante que la Conférence approuvât jusqu'à la perte de nos droits à l'autonomie déjà acquise. Et pour quels motifs et en punition de quels crimes?

N'avons-nous pas été les défenseurs de la cause des Alliés, de cette même cause qui reconnaît le droit de participer aux avantages de la victoire, après avoir participé aux sacrifices de la guerre?

Nous ne demandons que de vivre. En vertu de quelles lois ou de quels principes de politique et de morale ne serions-nous récompensés de l'aide que nous avons fournie aux vainqueurs que par la perte de nos droits et l'application d'un traitement pire que celui infligé à l'ennemi vaincu? Comment concevoir que le peuple Egyptien soit traité comme une vulgaire marchandise sur le marché des transactions politiques, cela en plein vingtième siècle et de par la volonté imprévue de la Conférence qui n'a cessé de proclamer, selon une formule désormais fameuse, qu'elle serait impartiale tant envers ceux pour qui elle tient à être juste, qu'envers ceux pour qui elle tient à ne pas être injuste.

Non, quelque sombre que soit son sort, et quel que soit son sort, et quelles que soient les conséquences désastreuses de la domination du plus fort, le peuple des Pharaons ne doit pas désespérer de la sympathie du monde civilisé, ni de la sympathie de l'Angleterre libérale. Un peuple qui, par deux fois, a été le berceau de la civilisation, et dont le nom demeure à jamais illustre dans l'histoire des croyances humaines, des connaissances de l'esprit et des sciences mathématiques et physiques, un peuple dont les savants du monde entier recherchent jusqu'à aujourd'hui, derrière le mystère du papyrus, les vestiges de sa grande histoire, et dont les monuments feront dans l'avenir le plus lointain l'émerveillement des archéologues, non un tel peuple ne peut pas désespérer de trouver des savants pour écouter son appel, des honnêtes gens pour s'attendrir sur son sort et des hommes d'Etat pour essayer, au nom de la justice, de faire cesser l'injustice.

C'est pour toutes ces considérations que nous avons le droit de compter sur l'équité de la Conférence et que nous espérons, puisque son principal but est de préparer une paix durable, qu'elle réexaminera notre cas, comme elle a réexaminé célui de l'ennemi, et qu'elle daignera nous entendre, mettant ainsi d'accord ses principes avec ses actes.

Veuillez agréer, Monsieur le Président, l'assurance de ma haute considération.

(*Signé*) : SAAD ZAGLOUL.

ANNEXE N° 1

CONSEIL PROVINCIAL GUIZEH

Procès-verbal N° 1

De la séance extraordinaire tenue le mercredi

8 Ragab 1337 (9 avril 1919)

La séance est ouverte à 1 heure 30 du soir, au siège de la Moudirieh, sous la présidence de S. E. Ahmed Hamdy bey Seif El-Nasr, Moudir de Guizeh et Président du Conseil Provincial, et en présence de MM. les Membres Fadl et Zoumour Bey, Abdel Wahed El Kott Bey, Hussein Ghorab Bey, Ahmed El Milegui Bey, Bayoumi Madkour Eff. Sayed Dwedar Eff. Mohamed Mansour Eff. et du secrétaire Amine Fahmy Ahmed Eff.

Saad Bey Makram absent, sans s'être excusé.

Le Président. — MM. Fadl El Zoumr Bey, Abdel Wahed El Kott Bey, Ahmed Milegui Bey et Bayoumi Madkour Eff., membres du Conseil, m'ont demandé, conformément à l'alinéa deux de l'article 49, de la Loi Organique, de réunir le Conseil en une séance extraordinaire. Nous avons convoqué le Comité afin de statuer sur ce dont ils vous entretiendront.

Ahmed El Milegui Bey. — Le Conseil n'a pas à examiner

aujourd'hui des questions ordinaires, telles que les décisions du Comité de l'enseignement, l'autorisation de construire un nouveau hameau, la discussion des propositions faites par la directrice du dispensaire, etc... Vous êtes ici pour porter à la connaissance des chefs responsables du Gouvernement et des corps représentatifs égyptiens, les atrocités abominables dont votre province est la victime et dont l'horreur étreint les cœurs et fait frémir d'indignation tout être qui sent et qui raisonne.

« Les événements actuels, qui sont bien connus de tous, ont permis à la population de manifester ses sentiments, mue non pas par son amour pour le vol et le pillage, comme on l'a prétendu, mais par ses aspirations à une vie nouvelle, pareille à celle des peuples libres avec qui elle est en fréquentes relations et en contact étroit.

« D'aucuns ont cru devoir manifester ce sentiment en arrachant quelques rails de chemins de fer, et ce non pour le plaisir de détruire, mais pour attirer l'attention sur leurs justes revendications.

« Loin de moi l'idée de faire l'apologie de tels actes, mais je veux préciser que les personnes accusées d'avoir détruit les chemins de fer n'ont voulu ni le vol, ni le pillage; elles ont tout simplement voulu faire entendre leur voix, après avoir vu que celle de l'élite et des leaders de l'opinion égyptienne avait été étouffée.

« Du reste, ces actes ont cessé depuis la proclamation du général menaçant de châtiments sévères tous ceux qui s'attaqueraient aux chemins de fer. Mais n'y a-t-il pas dans les législations divines et humaines des châtiments autres que la confiscation des biens, l'incendie et le viol, châtiments qui ont été infligés à notre province ainsi que cela résulte des pièces de l'instruction et des plaintes qui ont été adressées tant à notre Conseil qu'à la Moudirieh, par les victimes elles-mêmes?

« Je le déclare sans crainte, ces horreurs commises par les troupes anglaises constituent une honte dont rien n'effacera la tache, et que ne tolérera pas le peuple libéral anglais qui ne tardera pas à les condamner. Maintenant que vous êtes réunis pour accomplir votre devoir envers ceux qui vous ont élus, adressez vos protestations aux chefs du gouvernement, aux agents britanniques et aux corps constitués en Egypte, afin d'arriver à mettre fin à ces atrocités.

« Nous sommes ici les représentants de 550.000 habitants. Nous savons tous quels sont leurs desiderata. Proclamons-les et discutons-les avec les autorités compétentes pour accomplir tout notre devoir envers nos électeurs. Nous allons vous donner lecture de la protestation rédigée par mes collègues et moi. C'est là le seul moyen qui soit à la disposition de la nation, étant donné que les travaux de l'Assemblée Législative sont suspendus et que, pour exprimer ses vœux, le pays ne possède actuellement d'autres corps représentatifs que les Conseils Provinciaux. C'est en notre qualité d'un de ces corps que nous faisons cette protestation. »

Lecture est donnée de la protestation présentée par l'orateur et signée de tous les membres présents. En voici le texte :

« Quelques habitants de notre province nous ont présenté en notre qualité de délégués de la nation des plaintes au sujet des atrocités et des crimes commis dans certains villages, au mépris de tout principe d'humanité et de morale. Il est de notre devoir de prendre ces plaintes en considération et de les communiquer aux autorités compétentes.

« Ces plaintes sont le cri de cœurs meurtris; elles expriment des souffrances que nous avons tous ressenties. Nous nous sommes momentanément abstenus d'intervenir dans l'espoir que ces plaintes recevraient des autorités la suite juste et sage qu'elles méritent. Mais devant l'incurie des pouvoirs il nous a paru nécessaire d'apporter à la voix du peuple l'appui de notre intervention. Ces plaintes se résument en ce que des troupes britanniques ont commis, jour et nuit, des attentats contre les villages en les brûlant, contre les personnes en les pillant, fusillant ou violant; contre le bétail en le tuant ou en le confisquant. Témoins les dernières atrocités d'Embabeh, Azizieh, Bedrechein et Nazlet Chobak établies par des enquêtes officielles. Il est fort regrettable que les communiqués officiels aient donné de ces faits des versions contraires à la vérité et en contradiction avec les enquêtes, ce qui implique que les officiers britanniques accompagnant les troupes ont fait à leurs chefs des rapports non conformes à la réalité des choses.

« On a dit que ces atrocités constituaient un châtiment infligé pour les destructions commises par les habitants dans un but de vol et de pillage. Les faits sont là pour affirmer qu'il ne s'agissait ni de vol ni de pillage, mais que le peuple voyant que ses délégués avaient été empêchés de parler, a voulu faire entendre lui-même sa voix aux nations libres et exprimer ses revendications par tous les moyens, car il veut vivre de la même vie que les peuples qui lui sont inférieurs en civilisation et qui cependant ont été admis à revendiquer leur indépendance complète auprès de la Conférence de la Paix.

« Les vœux de la nation égyptienne sont tellement légitimes, les manifestations tellement pacifiques et le sentiment patriotique tellement unanime que nous ne pouvons concevoir comment il peut être possible de s'y opposer. Nous ne pouvons pas concevoir que l'indépendance absolue de l'Egypte, la première de nos revendications, puisse être contrecarrée par une grande nation libérale telle que l'Angleterre qui a lutté aux côtés des Alliés pour la noble cause de la justice et le triomphe des quatorze points du Président Wilson. Nous ne pouvons pas croire que le peuple anglais puisse tolérer des actes d'atrocités pareils à ceux commis par ses troupes dans nos villages. Nous attendons avec impatience le jugement de la nation anglaise sur ces crimes que nous avons résumés d'après les procès-verbaux officiels du gouvernement égyptien.

« C'est pour cela que nous adressons, en tant que délégués représentant la Moudirieh de Guizeh, nos protestations énergiques contre les mesures de terreur par quoi on a voulu contrecarrer le mouvement patriotique.

« Nous demandons ensuite que notre protestation soit portée à Sa Hautesse le Sultan et aux divers Corps officiels du pays, en y joignant nos vœux pour l'indépendance absolue de l'Egypte, et notre espoir en l'abolition de tout ce qui entrave cet idéal national.

Le Président. — Tout en reconnaissant que les événements d'Embabeh, Azizieh, Bedrechein et Nazlet El Chobak constituent des actes de sauvagerie, je vous informe que les plaintes que j'ai reçues ont été inscrites par le Mamour Zapt (Chef du service de la sécurité) en qui j'ai pleine confiance; ces enquêtes ont été traduites; j'ai fait mon rapport en y formulant ma protestation contre les outrages commis dans ces villages et j'ai communiqué le tout au Ministère de l'Intérieur et à l'autorité militaire britannique qui me l'ont demandé. J'ai appris qu'elles ont pris mon rapport en sérieuse considération et qu'il a été décidé de nommer une seconde commission d'enquête.

« Considérant que ces faits m'atteignent personnellement parce qu'ils sont survenus dans ma Moudirieh et à mon insu, je vous déclare que si l'enquête ne me satisfait pas, je protesterai de toutes mes forces, quelques sacrifices que cela doive me coûter.

AHMED BEY EL MELEGUI. — Tout en remerciant le Président ajoute que malgré les protestations de Son Excellence, le communiqué officiel relatant les faits n'a pas été conforme aux enquêtes de la Moudirieh.

LE PRÉSIDENT répond avoir appris qu'une instruction est ouverte contre l'officier qui a rédigé ce communiqué. De plus, il a été remplacé depuis ma protestation.

AHMED BEY EL MELEGUI espère qu'à la suite de la nouvelle enquête dont parle le Président, un autre communiqué sera fait qui rétablira la vérité telle qu'elle est connue de tous.

LE PRÉSIDENT. — Je l'espère.

MOHAMED EFF. MANSOUR ATALLAH. — Jusqu'au surlendemain des événements de Nazlet el Chobak, les habitants trouvaient les cadavres des victimes dans les champs de blé et dans les canaux. Le bétail fusillé dépasse toute estimation; le maïs se trouvant sur les toits des maisons a été arrosé de benzine et brûlé. Ainsi toute la récolte des paysans a été détruite.

AHMED BEY EL MELEGUI dit à propos des incidents que le Commandant anglais envoie des troupes où la tranquillité règne et où aucune infraction n'a été commise : « Ainsi vous savez, monsieur le Président, qu'aucun acte de destruction n'a été commis dans le district de El Saff. Et cependant on y a envoyé des troupes anglaises. Or celles-ci ne parlent que l'anglais, et comme les habitants ne parlent que l'arabe, un malentendu est toujours possible. C'est pourquoi je proteste en ma qualité de délégué d'El Saff conre l'envoi de troupes dans ce district, afin d'éviter des excès semblables à ceux qui se sont produits dans les autres villages et contre lesquels nous avons présenté une protestation écrite. J'invite le Conseil à adopter ma motion. »

FALD BEY EL ZOUMOUR. — Hier, à Embabeh, pendant que les voyageurs qui se trouvaient dans le train agitaient des drapeaux en signe de joie parce qu'on avait autorisé le départ de la Délégation égyptienne pour l'Europe, des soldats anglais tirèrent sur eux et en tuèrent deux. Je proteste énergiquement contre ces crimes odieux, qui ne cessent de se répéter.

ABDEL WAHED BEY ELL KOTT et MOHAMED EFF MANSOUR ATTALAH disent avoir appris qu'une cour martiale fonctionne à l'heure actuelle à Ayat. Cette cour jouit d'une large compétence et peut prononcer les plus sévères pénalités, y compris la peine capitale et la flagellation, sans pourtant qu'il y ait parmi ses membres un seul Egyptien. Des innocents risquent d'être condamnés, car les jugements sont basés souvent sur de fausses délations. Nous demandons que des mesures immédiates soient prises pour suspendre les travaux de cette cour jusqu'à ce que la situation actuelle soit éclaircie et réglée conformément aux déclarations du Commandant en chef.

ABDEL WAHED BEY EL KOTT proteste contre l'arrestation de l'Omdeh (Maire) de Nazlet et prie le Président d'intervenir pour sa libération, par pitié pour les siens, dont six ont été fusillés par les troupes britanniques. Il proteste également contre la manière inconstitutionnelle dont le budget de 1919-1920 a été approuvé et contre l'inexistence d'un ministère pendant plusieurs mois, ainsi que contre le maintien d'une force anglaise à El Ayat, où des excès pareils à ceux d'Embabeh, de Azizieh et de Nazlet el Chobak pourraient se produire. Il espère qu'un ministère serait très prochainement constitué pour le retour à l'état normal et le rétablissement de la justice et de la légalité.

APRÈS EN AVOIR DÉLIBÉRÉ :

Le Conseil, à l'unanimité, et conformément à l'article 36 de la loi organique, décide de faire siennes toutes les protestations formulées dans ce procès-verbal et d'en communiquer le contenu à Sa Hautesse le Sultan, aux chefs du Gouvernement et aux Corps officiels en Egypte.

Lecture de ce procès-verbal est donné à la même séance et il est approuvé à l'unanimité.

Le Président lève la séance à 12 h. 30.

MOUDIR DE GUIZEH: *Seif El Nasr.*

Secrétaire du Conseil: A. F. AHMAD.

PÉTITION DU MAIRE DE AZIZIEH

A Messieurs les Membres de l'Assemblée législative et du Conseil provincial de Guizeh.

Je soussigné, Ibrahim Dessouki Rachdan, maire de Azizieh, ai l'honneur de vous soumettre ce qui suit :

Mardi 25 mars, à 4 heures du matin, je me suis réveillé aux coups frappés à ma porte. Dix soldats anglais, armés de fusils, conduits par deux officiers revolver au poing et accompagnés d'un agent, d'un sergent et d'un interprète égyptiens, étaient dans l'escalier de ma maison. L'interprète me dit : « L'officier vous ordonne de remettre immédiatement vos armes et de ramasser celles qui se trouvent dans le village, et cela avant un quart d'heure. » Je pris mon revolver qui se trouvait dans ma chambre et le remis à l'officier.

Mais soldats et officiers se précipitèrent dans cette chambre, où dormaient ma femme et mes trois petites filles, qui, terrifiées, se hâtèrent de se cacher sous le lit. Les soldats et leurs officiers se jetèrent sur la malle et l'armoire, les brisèrent et s'emparèrent des bijoux qu'elles contenaient. Sous l'oreiller ils trouvèrent et prirent mon portefeuille, qui contenait treize cents francs; ils prirent également ma montre et ma chaîne en or.

Apercevant ma femme sous le lit, ils l'en tirèrent brutalement par les cheveux, malgré ses larmes et les cris des trois petites filles, dont l'aînée n'a que huit ans; ils la fouillèrent indécemment, puis se rendirent dans les autres chambres, où ils continuèrent à tout piller et saccager. Dans l'autre appartement, où loge ma seconde femme, avec ses deux enfants, ils firent de même; ma femme, essayant de se coucher, un soldat la frappa brutalement et la jeta tremblante sur le parquet. Je levai les yeux vers les officiers pour les prier d'avoir pitié des femmes et des enfants, mais ils ne bougèrent pas, approuvant par leur silence les atrocités dont nous étions victimes. A l'étage supérieur, ils trouvèrent un coffre-fort qu'ils essayèrent d'ouvrir. Ne l'ayant pu, ils m'ordonnèrent de le faire. J'hésitai un peu. L'officier me menaçant de mort je lui remis la clef, et il put ainsi ouvrir le coffre et emporter ce qu'il contenait, soit neuf cent cinquante livres égyptiennes (25.000 francs), ainsi que tous les bijoux de ma seconde femme et de mes belles-filles, lesquelles étaient absentes ce jour-là.

Ils m'ordonnèrent ensuite de les conduire aux domiciles des cheikhs du village et m'y entraînèrent dévêtu. Ils y commirent, de même que dans les maisons de quelques autres habitants des plus notables, les mêmes actes de cruauté que chez moi.

Puis ils donnèrent l'ordre à l'interprète d'annoncer que les Anglais allaient livrer le village aux flammes, mais que les habitants pouvaient emporter leur argent et leurs bijoux avant de partir. Hommes, femmes et enfants s'empressèrent de s'enfuir, mais le village était cerné par des soldats armés, qui se précipitèrent sur les habitants et les dépouillèrent de tout ce qu'ils avaient sur eux. On fouilla les femmes, enlevant ou déchirant leurs chemises et les laissant parfois toutes nues; on se livra sur elles aux attouchements les plus obscènes, sous prétexte de faire des recherches. Je n'ai pas assisté moi-même à des viols, cependant en rentrant j'ai été informé que les soldats anglais avaient violé quelques femmes; mais nos paysans, par souci de leur honneur et pour ne pas couvrir leurs familles d'une honte indélébile, refusent toujours d'avouer publiquement leur malheur.

Les soldats britanniques, en quittant ma maison, y avaient laissé quelques hommes. Or je vis, d'un lieu rapproché, que ma maison était la proie des flammes, et mes parents m'informèrent que ce sont ces hommes qui avaient mis le feu après avoir tout pillé. Les soldats firent de même dans tout le village en se servant de la paille et des matières inflammables. Quand le feu ne prenait pas assez vite, ils avaient recours au pétrole, qu'ils prenaient dans les maisons mêmes. Ils tiraient sur ceux qui essayaient d'éteindre l'incendie. Le village étant composé de quatre quartiers, les soldats se transportaient de l'un à l'autre pour y accomplir leurs exploits. Ils arrêtèrent ensuite les cheikhs et le chef des gardiens et les firent prisonniers comme moi, après avoir pris leur argent et maltraité leurs femmes. Ils firent enfin main basse sur la volaille et l'emportèrent.

Dans une maison ils avaient trouvé un étendard qu'on porte ordinairement pendant les funérailles et sur lequel sont inscrits quelques versets du Coran. Ils le firent porter par le Chef des Gardes et se dirigèrent vers le village de Hawamdieh nous entraînant à leur suite, à pied et nous piquant de temps en temps avec la pointe de leur baïonnette pour nous obliger à marcher plus vite, malgré l'âge et la faiblesse de nos vieillards.

Au lever du soleil l'un d'eux nous photographia. Vers midi nous arrivâmes à Hawamdieh où nous rencontrâmes le maire de Bedrechein avec un de ses cheikhs dans un état pitoyable; ils nous informèrent que leur village avait également subi un traitement cruel.

Nous passâmes de longues heures au soleil et en pleine poussière, face aux canons anglais de Hawamdieh et entourés par des soldats armés de fusils. On nous conduisit ensuite à un hôtel dépendant de la Société des Sucreries. Là, nous trouvâmes trente officiers debout autour de leur chef. L'officier supérieur nous dit: « Je vais vous faire connaître ce dont vous êtes accusés. Le crime de Azizieh est que des habitants ont battu un officier britannique sur la route des Pyramides de Sakkara. En outre, j'ai appris quand j'étais au Caire que les deux villages avaient pris part à l'incendie des gares de Hawamdieh et de Bedrechein. » Je répondis: « Nous gardions, ma famille, mes villageois et moi, la raffinerie même pendant l'émeute, répondant à l'appel de son directeur et de l'officier de police Moustafa eff. Ammar. Je me suis exposé à la mort, j'étais à côté de l'officier de police quand il a été atteint par une balle. Vous pouvez du reste en appeler au témoignage de l'officier, du directeur de la Raffinerie et de ses employés. Le Mamour est au courant de tout cela. » Mais l'officier supérieur ne voulut rien entendre. (La vérité est que nos villages n'ont pas participé à l'enlèvement des rails. Je sais que les malfaiteurs étaient des étrangers à la région. L'incendie des gares a eu lieu dans toute la province de Guizeh quelques jours avant la proclamation du Commandant en chef. J'ignore complètement qu'un de nos villageois ait attaqué des officiers.)

L'officier nous somma de ramasser toutes les armes du village sous peine de l'incendier et de nous y brûler nous-mêmes. Il ajouta que toute infraction serait désormais passible de la peine de mort. Il écrivit ensuite quelques mots en anglais et chargea l'officier égyptien de les traduire en arabe. Ce dernier le fit et nous en donna lecture. En voici la teneur autant que nous nous la rappelons: « Nous, maires et cheikhs de Azizieh et de Bedrechein regrettons les actes de destruction commis sur les chemins de fer et les attentats contre les soldats britanniques. Nous reconnaissons que tout ce qui a été infligé à nos villages est juste et bien mérité. Nous sommes entièrement disposés à fournir gratuitement les hommes qu'on nous réclamerait, quel qu'en soit le nombre, sous peine d'être jugés par la cour martiale. »

L'officier de police égyptien nous assura que si nous refusions de signer nous serions fusillés.

Sachant par les excès qui avaient été commis que cette menace pouvait très bien être suivie d'effet, nous fûmes contraints de signer. L'officier de police ajouta que par contrainte il signerait lui aussi comme témoin et il signa effectivement. A peine étions-nous en liberté que nous accourûmes à la Moudirieh, où nous présentâmes une plainte verbale au Moudir. De là nous nous rendîmes au Caire, où nous nous plaignîmes également au Conseiller de l'Intérieur.

Le lendemain, le Mamour Zapt fit son enquête, prenant acte de nos déclarations et celles du sergent égyptien qui accompagnait la force anglaise à Azizieh, lequel relata les faits tels qu'ils se passèrent et affirma avoir vu les soldats porter les bijoux et les offrir en vente aux passants.

Rentré au village, je me suis rendu compte de la triste réalité. Près de quatre-vingts maisons ont été brûlées. La plupart des habitants avaient émigré. Ma sœur était sérieusement atteinte à la suite de ses souffrances et des miennes. Ma maison ne contenait que quelques nattes brûlées. J'ai dû alors partir avec ma famille pour des villages lointains.

Je suis dans l'impossibilité de décrire toutes les atrocités commises contre le malheureux village de Azizieh, mais je citerai quelques traits à titre d'exemple.

Le gardien Abdalla Mohamed m'a informé que les soldats avaient attaqué sa maison, volé son argent et s'étaient emparés de sa femme après l'avoir fouillée. Mise à nu, ils glissaient leurs mains partout sur son corps et la rouèrent de coups. Ils finirent par brûler toute la maison.

Le gardien Mahmoud Abdel Aal a été personnellement attaqué par dix soldats qui lui prirent son fusil et s'emparèrent de son argent et des bijoux de sa femme. Celle-ci put s'enfuir avant que le feu ne fût mis à la maison. Ils lui rendirent pourtant son fusil, mais pour qu'il s'en serve afin d'y attacher la volaille prise dans le village et de la transporter au quartier. J'ai été moi-même témoin de ce qu'ils firent chez les cheikhs et chez les habitants. Ils sont entrés dans la maison du cheikh Mahmoud Okbi en ma présence et lui ont pris l'argent et les bijoux de sa femme, dont la valeur était estimée à 13.000 francs. Ils brûlèrent en outre ses vêtements et ceux des siens. Il porte maintenant les chemises que les villageois lui ont prêtées. Il a été arrêté et conduit avec moi à Hawamdieh.

A la suite de toutes ces horreurs, j'ai été atteint d'une maladie nerveuse qui m'a beaucoup affaibli. Je suis maintenant au Caire. J'y reste provisoirement, après avoir donné ma démission.

Signé : IBRAHIM DESSOUKI RACHDAN,

Omdeh d'Azizieh.

A Messieurs les Membres de l'Assemblée législative et du Conseil Provincial de Guizeh.

Je soussigné, Mohamed Mansour El Dali, Omdeh de Bedrechein, ai l'honneur de porter à votre connaissance ce qui suit :

Mardi 25 mars, à 4 h. 30 du matin, ma maison fut attaquée par 40 soldats anglais armés, accompagnés d'un officier supérieur anglais et de l'officier de police égyptien Abdel Meguid Eff. Sarwat. L'officier m'a demandé mes armes et a ordonné mon arrestation. Les soldats sont entrés dans ma chambre à coucher, où se trouvaient ma femme, mes brus et mes filles. De la salle où l'on me tenait, j'entendais leurs cris, ainsi que le craquement des malles qu'on brisait. Un des soldats a arraché à l'une de mes filles sa boucle d'oreille avec une telle brutalité que l'oreille fut déchirée. Leurs plaintes me serraient le cœur. J'ai voulu aller à son secours, mais je fus immobilisé par un coup de crosse. L'officier anglais perquisitionnait dans une autre partie de la maison. Il revint avec deux fusils à moi et deux autres au gardien du village. Ayant obtenu la permission de m'habiller, je suis rentré dans ma chambre où j'ai trouvé tremblantes de peur les femmes qui m'ont raconté les ignominies des soldats au moment de la perquisition et leurs vols. Ceux-ci m'ont demandé de leur indiquer les maisons des cinq cheikhs du village. Chez l'un d'eux les soldats qui me gardaient ainsi que mes deux fils nous ont fouillés et nous ont pris nos montres et notre argent. A la sortie de l'officier supérieur j'ai prié l'officier de police égyptien de lui traduire ma plainte. Il lui répondit en arabe: « Il n'y a pas d'argent ». D'autres détachements pillaient le village pendant qu'on nous conduisait avec mes deux fils et ceux des cheiks au poste de police de Bedrechein, d'où je vis les flammes monter dévorant les maisons et d'où j'entendis les cris de détresse interrompus par le crépitement de la fusillade. Je ne pouvais distinguer quelles maisons brûlaient ni quelles personnes étaient tuées par les balles. Mais en rentrant à Hawamdieh, j'ai appris qu'il y avait plusieurs victimes:

1° Ibrahim Atwa El Dali, mon cousin, a été tué dans sa maison après avoir été dépouillé de son argent.

2° Abdel Gawas Sayed Marsrouf a été fusillé dans sa maison. Sa tête fut ensuite détachée et les soldats s'en amusaient comme d'un jouet.

3° Ibrahim Sayed Refai a été fusillé.

4° Aliah femme de Hassanein El Gazzar a été l'objet d'un attentat de viol. Elle s'est admirablement défendue, mais elle fut assommée à coups de crosses après avoir été dépouillée de ses bijoux.

5° Mohamed Aboul Ela Dia a été atteint d'une balle au bras. J'ai appris qu'il a subi le lendemain une amputation à la suite de laquelle son état est devenu grave.

6° Une balle a traversé le corps du gardien Aly El Sayed El Dali, mais elle ne l'a pas tué.

7° Ahmed Ahmed Hammad a reçu des coups de crosse jusqu'à ce qu'il ait perdu connaissance, il fut dépouillé alors de son argent. Il porte une grave blessure sur la tête.

8° El Sayed Mohamed Kagha a reçu des coups de baïonnette à la poitrine.

Des groupes de soldats arrivaient emportant leur butin. Deux soldats s'attardèrent longtemps au village. L'officier supérieur britannique chargea l'officier égyptien de les rechercher. Et en attendant, officiers et soldats se partagèrent l'argent et les bijoux sous nos yeux.

A l'arrivée des deux soldats retardataires le détachement anglais partit vers Hawamdieh, nous laissant à Bedrechein et ordonnant à l'officier égyptien de nous conduire à Hawamdieh. Nous y sommes arrivés à dix heures et demie; on nous fit entrer, le Maire de Azizieh, ses cheikhs et nous, chez une trentaine d'officiers dont le chef nous imputa des faits auxquels nous étions absolument étrangers; la vérité est que mon village n'est coupable d'aucun crime, personne n'a attaqué des soldats ou des officiers anglais, personne n'a participé à aucune destruction, aucun dégât, aucun incendie. Ce sont les soldats, au contraire, qui nous ont attaqués. J'ai même été si tolérant que quelque temps avant le soulèvement général je me suis contenté de détourner l'arme de l'officier chargé de ramasser le maïs pour le compte de l'autorité militaire et qui voulait me tuer dans ma maison, sous prétexte que je tardais à exécuter ses ordres. Ceci se passait en présence du sergent égyptien de Bedrechein. L'officier anglais brûla ensuite ma maison; et c'est sous ma protection qu'il compta les sacs de maïs comme si rien ne s'était passé. J'ai porté plainte télégraphiquement à la Moudirieh, au Ministère de l'Intérieur et au Général en Chef anglais. J'ai appris que le Mamour a adressé un rapport à la Moudirieh, y relatant les faits tels qu'ils se sont passés et appuyant ma plainte.

Lorsque je rentrai de Hawamdieh avec mes fils, les habitants du village vinrent en pleurant à ma rencontre. Chacun me racontait ses misères et ses souffrances, plusieurs avaient décidé d'émigrer, quelques-uns même l'ont déjà fait; bon nombre de femmes ont avorté, j'ai trouvé me femme atteinte d'une commotion nerveuse qui lui fit perdre la raison, elle prononçait des paroles de lamentation et pleurait sans discontinuer; ma fille était alitée.

Je ne puis décrire les innombrables atrocités commises dans mon village, mais je me contenterai de citer le cas de Mahmoud Abdel Mottalib, l'un des Cheikhs du village. Les soldats entrèrent chez lui sans être accompagnés de l'officier; ils le dépouillèrent de tout l'argent qu'il possédait et dont la valeur atteignait dix-neuf mille francs environ. Ils maltraitèrent sa femme et lui arrachèrent ses bijoux, puis ils se partagèrent le butin sous les yeux de leurs victimes.

Chez Soliman Chetta, ils ne se sont pas contentés de l'argent et des bijoux. Ils ont tiré sur sa vache qu'ils ont tuée.

Nous nous sommes plaints à la Moudirieh. Ibrahim Bey Dessouki Abaza, Mamour Zapt ouvrit une enquête. L'officier de police a témoigné en notre faveur et confirma la terrifiante vérité. Il a déclaré ce qu'il avait vu par lui-même des atrocités commises, telles qu'assassinats, incendies, vols, mauvais traitement des femmes à qui on arrachait leurs bijoux brutalement au point de les blesser; il a ajouté aussi que les soldats anglais le maltraitaient lorsqu'il protestait et que leurs officiers n'avaient nul souci des horreurs perpétrées sous leurs yeux et qu'ils y participaient même quelquefois, et que de plus ils l'avaient menacé de le considérer comme complice s'il ne signait pas l'engagement qu'ils nous ont arraché. Il a déposé avoir vu les oies volées servir à la table des officiers.

Les soldats n'ont même pas épargné le sergent de police de Bedrechein chargé de les accompagner et malgré son uniforme ils ont violé son domicile et volé un peu d'argent. Le sergent a déposé avoir assisté au pillage des maisons, aux incendies par bombes incendiaires et à la fusillade de ceux qui résistaient. Il a relaté l'histoire, entendue par lui, de la pauvre Aliah femme du cheikh Hassanien El Gazzar, qu'on a voulu violer et qu'on a fini par assommer.

Les trois agents de police placés sous ses ordres se plaignirent à lui de ce que leurs maisons ont été pillées, leur argent volé et leurs femmes maltraitées.

Mon village est presque désert. Je me trouve dans l'impossibilité d'exercer mes fonctions. J'ai déjà donné ma démission.

Omdeh de Bedrechein
MOHAMMED MANSOUR EL DALI.

REQUETE

adressée par quelques habitants de Nazlet Chobak (Ayat)

à MM. les Membres du Conseil Provincial de Guizeh :

MESSIEURS,

A votre honorable conseil nous adressons nos plaintes au sujet des malheurs qui ont atrocement frappé notre village.

Au nom de la justice pour la sauvegarde de laquelle vous êtes élus. nous vous prions d'entendre le cri de nos souffrances et d'intervenir pour les faire cesser.

Le 30 mars 1919, à trois heures de l'après-midi, les Anglais sont arrivés chez nous en train blindé. Une partie de leurs soldats armés de fusils en descendit, portant sur leurs visages la haine et la vengeance bien que notre maire et les habitants s'empressaient de répondre à toutes leurs demandes.

Ils commencèrent par tirer et prendre la volaille sans aucune opposition de notre part, mais ils ne s'arêtèrent pas là malheureusement, ils sont allés jusqu'à violer nos femmes. Figurez-vous une femme en train d'être violée et qui appelle son mari à son secours et qui le voit assassiner sans pitié!

Figurez-vous ensuite le village cerné par les soldats anglais, qui y mettent le feu de toutes parts et qui tirent sur celui qui essaye de fuir l'incendie.

Figurez-vous cet effroyable carnage et ces crimes atroces durer toute une nuit et la matinée suivante, tellement rigoureux que les paysans des villages voisins qui étaient dans leurs champs ont été atteints par les balles.

Quelle est la conscience qui ne se révolterait pas en apprenant que les Anglais ont fait venir le cheikh du village, son frère, son fils et deux autres villageois, sous prétexte de négociations et d'enquête, et les ont enterrés jusqu'à la poitrine, les ont fusillés et les ont ensuite défigurés avec leurs baïonnettes.

Ils ne se sont pas contentés de cela. Ils ont arrêté le Maire, et personne ne sait ce qu'ils en ont fait. Nous avons entendu dire qu'on l'a vu à Ayat, entouré de soldats, mais nous voudrions être fixés sur son sort.

L'incendie a duré jusqu'au lendemain à midi. Cent quarante-quatre maisons ont été détruites, le village entier n'en a que deux cent dix. Vingt et une personnes ont été tuées et douze blessées. Un grand nombre de bétail a été détruit. L'argent et les bijoux ont été volés.

Soyez donc témoins de nos malheurs devant Dieu, devant la conscience et devant la Justice.

Le 7 avril 1919.

Signé : MOHAMED AHMED GOMAAH.

ABDEL LATIF ABOUL MAGD.

ABDEL HALIM ABOU TOULBA.

ANNEXE N° 2

*Dépêche adressée à la Moudirieh de Guizeh le 1ᵉʳ avril 1919
par le Moulahiz de police du village de Mazgouna*

Hier, au moment où le train spécial est arrivé près du village de Chobak pour réparer la voie, des soldats britanniques en sont descendus et sont entrés dans le village pour y acheter ce dont ils avaient besoin. Ils étaient désarmés. Une dispute éclata entre eux et les habitants. Nous avons appris du commandant du train que les habitants avaient tiré des coups de feu sur les soldats, qui se sont trouvés dans l'obligation d'aller chercher leurs armes et d'en faire usage contre la population. Il en est résulté que quelques soldats anglais furent blessés, que dix-sept habitants furent tués et que douze autres furent blessés. Plusieurs maisons du village furent incendiées. Nous avons averti le Markaz par téléphone. Le train est parti aujourd'hui pour Ayat. Nous enverrons un rapport détaillé sur ce qui s'est passé.

Signé : EL-SAWI EL-TAHER,
Moulahiz de police du village de Mazgouna.
S. E. le Moudir de Guizeh,

Dimanche 30 mars 1919, à trois heures de l'après-midi, un train chargé de la réparation de la voie est arrivé au village d'El Chobak. Des soldats britanniques en sont descendus. Ils ont commencé à piller, se sont emparés des volailles, des moutons et d'autres biens des habitants. Personne ne s'est opposé à leurs agissements. Après quoi ils se sont mis à la recherche des femmes, embrassant l'une, saisissant les seins de l'autre. L'une de ces femmes demanda protection à son mari; celui-ci voulut intervenir et s'opposer à des actes aussi révoltants. C'est alors que les soldats ont eu une querelle avec le mari. D'autres soldats sont descendus du train, ont entouré le village et l'ont incendié de tous côtés. Ils tiraient sur tous ceux qui prenaient la fuite. Ceux qui n'étaient pas brûlés par le feu furent tués par les balles. Ils ont emmené le Cheikh du village avec quatre notables, sous prétexte de parler à l'officier qui se trouvait dans le train armé. Il les ont égorgés et ils les ont enterrés à mi-corps, en couvrant leurs têtes d'herbages. Ils ont continué à frapper les habitants et à brûler les maisons depuis dimanche trois heures de l'après-midi jusqu'au lendemain dix heures du matin. Ils ont continué à frapper les habitants et à brûler les maisons depuis dimanche trois heures de l'après-midi jusqu'au lendemain dix heures du matin. Ils ont ensuite emmené les habitants restés au village jusqu'au train armé. L'Omdeh les accompagnait. Le Moulahiz de police du village est arrivé pour intercéder en faveur des femmes et de quelques habitants qui l'imploraient. Le Moulahiz entra dans le village, il entendit les cris d'une femme et se porta à son secours et l'a arraché des mains des soldats britanniques qui la violaient. Il a constaté que le nombre de tués était de vingt et un et celui des blessés de douze, cent quarante-quatre maisons étaient brûlées. Le nombre des bestiaux tués dépasse vingt buffles, vingt vaches, quinze ânes, outre la volaille et les moutons qui ont été volés.

Ces faits sont-ils de nature à donner satisfaction à l'humanité d'un peuple civilisé?

A tous ceux qui gardent dans leurs cœurs un sentiment de pitié, nous portons la plainte des veuves, des orphelins, des vieillards et des mères désolées. Nous, habitants et notables du village de Chobak, nous adressons nos plaintes pour les pillages dont nous avons été les victimes, ainsi que pour tous les incendies, les massacres et les viols. Si personne ne nous rend justice et ne nous protège, nous serons obligés de quitter l'Egypte, qui devient un foyer d'anarchie, où aucun pouvoir ne peut protéger les innocents contre les oppresseurs.

Suivent dix-neuf signatures ou cachets des habitants du village.

Procès-verbal dressé par le Mamour Zapt, de la Moudirieh de Guizeh.

Le procès-verbal est ouvert le 31 mars 1919, à dix heures du matin, à la Moudirieh, pour les constatations suivantes:

Le sieur Mohammed Mansour El-Wali, Omdeh du village d'El-Badrachein, s'est présenté et a communiqué les deux faits suivants, dont il a demandé acte par procès-verbal.

Au moment où j'ai été interrogé pour la première fois, je n'avais pas eu connaissance de tout ce qui s'était passé au village. Mais, à mon retour, avant-hier soir, le nommé Salim Hassanein El-Gazar m'a fait savoir que les soldats anglais sont entrés dans l'appartement de son frère aveugle Hassanein El-Gazzar, qui habite avec lui. Ils ont pillé la maison; après quoi l'un d'eux voulut assouvir sa passion en violant l'épouse du dit Hassanein El-Gazzar. Elle a résisté avec violence et parvint même à l'empêcher de la toucher. Il la frappa à la tête avec la crosse de son fusil. Elle tomba blessée et succomba quelques heures après. Le soldat s'empara de ses bijoux. La victime s'appelle Alia.

Les soldats anglais sont également entrés dans la maison de Seliman Chetta et ils ont volé l'argent et les bijoux qu'ils ont trouvés. Le buffle fut tué à coups de feu.

Dont acte. (*Signé:*) MOHAMMED MANSOUR EL DALI.

Clos le même jour, à dix heures du matin.

(*Signé :*) (Mamour Zapt) IBRAHIM DESSOUKI-ABAZA.

Conformément aux ordres du Moudir, faire appeler le Moulahiz du village ainsi que le sergent et le caporal, pour entendre leurs dispositions.

(*Signé:*) ABAZA.

Le procès-verbal réouvert le 1ᵉʳ avril 1919, à midi et demi.

Le Moulahiz de la police du district de Guizeh, délégué au poste de police du village de Howamdieh, dépose :

Le 25 mars 1919, à trois heures du matin, un major australien s'est présenté chez moi et a demandé à me voir. Je me suis rendu à son invitation. Il m'a dit de revêtir mon uniforme et de l'accompagner avec quelques agents de police pour une patrouille qu'il voulait faire. J'ai mis mon uniforme et j'ai fait appeler le caporal Moustafa Issa et trois agents de la force locale, et nous sommes allés à sa rencontre. Je l'ai trouvé à côté de la gare avec deux cents soldats environ qu'il divisa en deux sections, l'une destinée pour le village d'El-Azizia, et l'autre pour celui de Bedrechein. Il me demanda de l'accompagner avec la force allant à Bedrechein et de lui envoyer un homme pour lui indiquer la route d'Azizia. Je lui demandai le motif de la marche des deux grandes forces. Il me répondit qu'il avait appris qu'il y avait dans ces deux localités beaucoup d'armes et d'explosifs et qu'il y allait pour faire des recherches. Le caporal Moustafa Issa et un soldat de la police accompagnèrent la force se dirigeant au village d'Azizia et j'accompagnai celle du village de Bedrechein. Nous arrivâmes à ce dernier village à quatre heures et demie du matin. Le major se fit indiquer la maison de l'Omdeh où nous nous rendîmes. Lorsque la porte fut ouverte, les officiers et les soldats se précipitèrent à l'intérieur. Je demandai le motif au major, qui me répondit: « Les armes! » J'interrogeai l'Omdeh sur les armes qu'il pouvait avoir, il nous présenta une arme qui lui appartenait et il nous dit qu'il n'en possédait pas d'autres. Ils ne se contentèrent pas de cette déclaration et ils fouillèrent la maison; ils trouvèrent deux fusils appartenant à deux gardiens de la paix révoqués, mais non encore remplacés. Lorsque nous eûmes quitté la maison de l'Omdeh, ce dernier me montra ce qui restait d'une chaîne cassée et d'une montre volées, et il me fit savoir que beaucoup d'actes de pillage avaient eu lieu chez lui.

Pendant ce temps, quelques soldats anglais étaient toujours à l'intérieur de la maison; ils en sortaient l'un après l'autre, et nous entendions les appels au secours des habitants. J'attirai l'attention du major sur ces appels, mais il n'en tint aucun cas. Les soldats arrêtèrent l'Omdeh et ses deux fils et ils les conduisirent sous escorte jusqu'à la maison du Cheikh Sayed Mahmoud Hammad. Là ils agirent comme ils avaient agi chez l'Omdeh, bien que le Cheikh eût présenté son fusil aussitôt qu'on lui demanda s'il possédait des armes.

Le major ordonna ensuite à ses soldats de se partager et d'entourer le village et de fouiller toutes les maisons; il me demanda de l'accompagner à la gare pour y constater les dégâts. Des soldats exécutaient les ordres donnés. Nous entendions des coups de feu très nombreux tirés par les soldats anglais en même temps que les appels au secours. Je quittai le major pour aller dans le village me rendre compte de ce qui se passait. Tous ceux que j'ai rencontrés me racontaient les actes de pillage dont ils avaient été les victimes et me montraient les traces visibles des violences commises sur eux. Un habitant me raconta que son frère avait été tué parce qu'il avait refusé de remettre l'argent qu'il portait sur lui. J'ai vu le corps de la victime et j'ai constaté que ses habits étaient déchirés et qu'il portait des traces de violence, ce qui corroborait la déclaration faite par son frère. J'ai vu flamber quatre maisons d'une façon effrayante. Le feu avait légèrement pris dans d'autres locaux, maisons et magasins, dont les portes avaient été défoncées et qui avaient été pillés. Le feu y fut attisé ensuite par des soldats anglais.

Pendant que je traversais le village pour faire mes constatations, je rencontrai des officiers australiens que je mis au courant des actes de leurs hommes. Ils me répondirent en niant les faits et sur un ton menaçant. Beaucoup de femmes me montrèrent des égratignures qu'elles portaient aux mains par suite de la violence employée pour arracher leurs bijoux. J'ai vu beaucoup de soldats mettre dans leurs poches des bijoux, des banknotes et des cigarettes.

Puis la force anglaise se retira. Je me rendis à Bedrechein avec l'Omdeh, ses fils et le Cheikh, et j'ai pris l'engagement de les faire revenir le lendemain matin. A mon retour à Hawandieh, je fus appelé par le colonel commandant le camp de la localité; il demanda de faire venir le Cheikh et l'Omdeh de Bedrechein. Lorsque je me rendis chez lui avec ces derniers, j'y trouvai l'Omdeh d'Azizia et ses Cheikhs. Il me chargea de traduire ce qu'il allait leur dire. Il leur fit comprendre que le crime des deux villages consistait dans la destruction de la voie ferrée et des gares, et il les accusait d'être détenteurs de poudres et de matières explosives et d'avoir négligé de surveiller les ressortissants de leurs villages et que quelques-uns avaient commis des voies de fait sur la personne d'officiers australiens et d'autres personnes qui les accompagnaient sur la route des Pyramides de Sakkarah, que l'un de ces officiers était en danger de mort. Il les avertit qu'il ferait garder la voie ferrée après les réparations, en réquisitionnant les habitants des villages. Il ajouta qu'en réalité ils méritaient d'être fusillés. Il leur demanda en outre de signer une déclaration par laquelle ils reconnaissaient qu'ils méritaient ce qui était arrivé à leurs villages et qu'ils étaient prêts à fournir gratuitement les hommes nécessaires à la réparation du chemin de fer. S'ils signaient cette déclaration, il leur pardonnerait, sinon ils s'exposaient à perdre la vie.

Il fit écrire en anglais cette déclaration que j'ai traduite sur une autre feuille, et les Omdehs et Cheiks la signèrent. Il me demanda de la signer comme témoin. Je lui fis remarquer que je n'y étais pour rien et que les Omdehs et Cheikhs l'avaient signée sous le coup de la menace. Il se mit en colère et me menaça à mon tour de me considérer comme leur complice dans la destruction de la voie ferrée ; je fus alors obligé de signer.

Lorsque la déclaration lui fut remise, il nous ordonna de nous en aller. A mon retour au poste, je rencontrai le caporal Moustafa Issa qui venait du village de Azizia ; il me déclara que ce qui s'y était passé était indescriptible. Lorsque les soldats entraient dans une maison, ils pillaient tout ce qu'ils y trouvaient en argent et bijoux et ils détruisaient les meubles, puis incendiaient la maison ; ils ont agi de la sorte chez l'Omdeh, alors que ce dernier leur avait présenté ses armes dès leur arrivée chez lui ; ils lui prirent la clef de son coffre-fort en braquant sur lui leurs fusils, et ils ont pris tout ce qu'ils y ont trouvé, puis ils le jetèrent par la fenêtre et enfin ils incendièrent la maison.

Pendant que j'étais hier au poste de police, je vis des soldats britanniques échanger des pièces d'or contre des banknotes, et ils faisaient de même pour les pièces d'argent et de nickel. Je vis aussi entre leurs mains beaucoup de bijoux qu'ils suspendaient à leurs casquettes pour les vendre. J'ai vu, le 25 mars, beaucoup d'oies en possession des soldats australiens chargés du service des officiers ; le nombre n'en était pas inférieur à quarante, et j'ai appris qu'on les avait volées à Azizia. J'en ai même vu sur la table des officiers présidée par le commandant lui-même.

Les actes de violence sont si nombreux qu'il m'est difficile de les relater en détail. Les habitants du pays sont très tranquilles, et ce qui s'est passé n'avait pour mobile que le désir de certains soldats anglais d'obtenir ce qu'ils voulaient sans rien payer.

Lu et approuvé: (*Signé:*) ABDEL MEGUID SARWAT.

Nous avons interrogé le sergent du poste de Bedrechein qui a déposé: Je me nomme Bilal Abdalla, du poste de Bedrechein. Je déclare que je me trouvais dans ma maison sise à Bedrechein même, près du poste de police, lorsqu'à cinq heures du matin, j'entendis une force de soldats anglais se diriger vers le poste. Je m'habillai et je descendis. Je les trouvai répandus dans le village. Lorsqu'ils aperçurent mon uniforme, trois d'entre eux qui étaient armés m'entourèrent. Deux prirent ce qui se trouvait sur des passants que je connaissais, dont El-Sayed Mohamed Choucri, commerçant, à qui ils volèrent sa montre. A ce moment le Moulahiz du poste arriva sur les lieux avec trois officiers anglais et des soldats au milieu desquels se trouvaient l'Omdeh de Bedrechein et son Cheikh. Ils les laissèrent au poste. Le Moulahiz me chargea d'accompagner une autre force anglaise pour perquisitionner le village de Bedrechein afin de découvrir des armes. Je l'y accompagnai. Les soldats brisaient les portes, pillaient les maisons, enlevaient aux femmes leurs bijoux; ils introduisaient même leurs mains entre les cuisses des femmes sous prétexte de les fouiller, et ils les mettaient à nu. Ils avaient en outre des bombes sphériques qu'ils jetaient contre les fondations des maisons qui prenaient feu, et ils tiraient sur ceux qui essayaient de résister ou qui refusaient d'ouvrir leurs portes. Ils tuèrent ainsi trois hommes et une femme. Cette dernière a été frappée d'un coup de crosse à la tête. D'après ce que j'ai appris, le motif de cet acte de brutalité est qu'elle avait voulu résister à un soldat britannique qui voulait la violer. Le nombre des blessés est de cinq. A mon retour à la maison, ma femme m'a appris que les soldats y étaient entrés et qu'ils avaient pris trois livres (quatre-vingt francs) ; s'ils n'ont pas pris autre chose, c'est qu'ils n'ont pu trouver les bijoux. Les trois agents du poste m'ont appris que les soldats anglais étaient entrés également dans leurs maisons et qu'ils avaient pris leur argent et maltraité leurs femmes après les avoir fouillées. J'ai fait part de ces faits au

Mouahiz de police. L'officier anglais dont nous avions attiré l'attention sur ces faits n'en a pas tenu compte.

Clos le même jour, à deux heures cinq, p. m.

(*Signé:*) IBRAHIM DESSOUKI ABAZA, MAMOUR ZAPT.

Réouvert le 2 avril 1919, à midi, la présence du caporal Moustafa Issa qui, interrogé, a répondu:

Je me nomme Moustafa Issa, caporal numéro 9413, du poste de Hawamdieh. Le 25 mars 1919, le Moulahiz du poste m'a désigné pour accompagner jusqu'à Azizia une brigade de soldats australiens dont le nombre dépassait la centaine. Il y avait quatre officiers et un sous-officier et ils étaient commandés par un lieutenant. Ce dernier me demanda combien il y avait de hameaux. Je répondis qu'il y en avait quatre. Un interprète noir du nom d'Abdel-Latif qui portait un chapeau traduisait ce que je disais.

Arrivés au village d'Azizia, ils cernèrent chaque hameau. Le lieutenant me demanda de l'accompagner jusqu'à la maison de l'Omdeh où nous nous rendîmes. L'Omdeh sortait de sa chambre à coucher. L'officier lui demanda ses armes. L'Omdeh lui remit son revolver.

L'officier, le sous-officier et quatre soldats sont alors entrés dans la chambre à coucher et cherchèrent les clefs, mais ils ne trouvèrent rien. Ils brisèrent les malles et les armoires et prenaient ce qui s'y trouvait. La femme de l'Omdeh était cachée sous le lit, un des soldats la tira, mais elle lui dit: « Laissez-moi, je n'ai rien à y voir. » Après l'avoir fouillée, ils entrèrent dans une autre chambre. Ils brisèrent les portes et pillèrent tout ce qu'ils y trouvaient. (La femme de l'Omdeh.) Ils s'introduisirent ensuite dans l'appartement où vivait la seconde femme de l'Omdeh avec son fils; elle essaya de se cacher, mais un soldat la menaça en levant sur elle la crosse de son fusil et l'immobilisa sur place. Mais il n'y avait pas de bijoux. Ils descendirent ensuite dans une chambre de l'étage inférieur qu'ils fouillèrent et brisèrent une malle qui s'y trouvait. Ils remontèrent à l'étage supérieur où se trouvait le coffre-fort de l'Omdeh, à qui ils demandèrent les clefs. L'Omdeh menacé les leur remit et c'est l'officier lui-même qui ouvrit le coffre-fort et c'est le sous-officier qui emporta l'argent et les bijoux. Après quoi ils brisèrent le tout et emportèrent un peu d'argenterie, quelques cuillères, couteaux, fourchettes, puis ils quittèrent la maison en y laissant un soldat.

De là ils se rendirent à la maison du Cheikh et pendant qu'ils la pillaient, agissant comme ils avaient fait chez l'Omdeh, j'ai vu le feu monter de la maison de ce dernier, et j'ai appris que c'est le soldat qui y était resté qui y avait mis le feu. Ils arrêtèrent le Cheikh qu'ils mirent à côté de l'Omdeh. Ils mirent le feu dans chaque maison après en avoir pillé quelques-unes. L'officier dit aux habitants, par l'intermédiaire d'un interprète, qu'il brûlerait le village. Les habitants prirent la fuite. Les soldats les fouillèrent en prenant tout ce qu'ils avaient sur eux. L'officier ordonna aux soldats d'allumer l'incendie et mit le feu lui-même à plusieurs maisons en se servant de paille et d'allumettes; ils prirent un bidon de pétrole dans une maison pour activer l'incendie. Quelques habitants essayèrent d'éteindre le feu. Pour les effrayer, on tira quelques coups de fusil qui n'atteignirent personne. Ils me chargèrent de dire aux habitants que quiconque essayerait d'éteindre l'incendie serait fusillé. J'obéis aux ordres. Nous nous transportâmes au hameau voisin. Les soldats y agirent de la même façon que dans le hameau de l'Omdeh.

Nous avons ensuite traversé tous les autres hameaux et nous avons été emmenés sous escorte de soldats. Dans le hameau du milieu, ils ont fouillé deux Cheikhs auxquels ils ont enlevé leur argent et leur montre. Dans le dernier hameau, ils ont agi de même; ils ont ensuite pris les oies et les poules. Les oies ont été enveloppées dans un drapeau qui sert aux funérailles et qu'ils trouvèrent dans la maison. Ils les ont mis sur les épaules du sous-chef des gardiens, l'un des gardiens portait des oies et des poules, quelques soldats en portaient aussi. Ils m'ont demandé de leur indiquer la route. Je les accompagnai, le soleil était levé. L'un des soldats nous a photographiés. Les soldats et même les officiers fouillaient les femmes et prenaient leur argent et les bijoux. En route, j'ai pris en cachette un caleçon d'un des habitants pour le mener à l'Omdeh, car ils ne l'ont autorisé qu'à mettre une chemise et un pardessus qu'il a pris en quittant la maison. Les soldats, pour accélérer la marche de l'Omdeh et des Cheiks, les poussaient avec leurs baïonnettes. Nous sommes arrivés au poste de Hawamdieh vers midi. Quelques soldats se partageaient, près du poste même de Hawamdieh ce qu'ils avaient pillé. Je n'ai pas essayé d'empêcher la violence commise contre les habitants, car cela m'était impossible, puisque je voyais les coups de feu tirés avec cette facilité. (Le reste de ces déclarations est conforme à celle du Moulahiz quant à l'engagement pris par l'officier anglais, le caporal était présent.) Le Moulahiz leur a expliqué que leur refus de signer les exposait à être fusillés. Ils signèrent sous la menace. J'ai vu les soldats offrir les bijoux pour les vendre aux habitants. Quelques-uns les mettaient sur eux en les suspendant à leur casquette sur la route du marché. Je n'ai vu personne acheter quelque chose par crainte des soldats.

Lu et approuvé par le témoin.

MOUSTAFA ISSA.

Clos le même jour, à une heure dix p. m.

MAMOUR ZAPT.

IBRAHIM DESSOUKI ABAZA.

ANNEXE N° 3

PROCES-VERBAL

Dimanche 12 avril 1919, à onze heures du matin, à la Préfecture (Moudiria) de Giza.

Nous, Ibrahim Dessouki Abaza, Mamour Zapt de Giza, affirmons ici ce qui suit:

Trois habitants de Nazlet El Shobak: Mohamed Ahmed Goma, Abdel Latif Abou El Magd et Abdel Halim Ibrahim Tolba, ont déposé une plainte auprès du Moudir demandant qu'on fasse une prompte enquête au sujet des atrocités commises par les soldats anglais dans le village. Le Moudir donna l'ordre de dresser procès-verbal de leurs témoignages, mais la grève générale des employés de la Préfecture (Moudiria) empêcha l'enquête d'être faite aussitôt.

Aujourd'hui, en venant à la préfecture (mudiria) par hasard, j'y ai trouvé quelques habitants de Nazlet El Shobak, parmi lesquels il y avait deux des pétitionnaires mentionnés ci-dessus, à savoir: Abdel Latif Abou El Magd et Mohammed Ahmed Goma. J'ai alors commencé l'enquête, interrogeant d'abord Abdel Latif Abou El Magd, fils de l'Omda, qui affirma ce qui suit:

Abdel Latif Abou El Magd, âgé de 25 ans, cultivateur, né et demeurant à Nazlet El Shobak Markaz El Ayat,

Sur la foi du serment,

« Le dimanche 30 mars 1919, un agent de police vint à notre village avec un message du Mulahez (officier de police) de Magzouna, El Sawi El Taher, informant mon père de l'arrivée imminente des soldats anglais qui venaient pour réparer la ligne du chemin de fer. Cet agent de police nous donna l'ordre d'envoyer 30 hommes pour aider les soldats dans leurs travaux; il attira en outre notre attention sur la nécessité qu'il y avait d'aider de toutes façons les soldats attendus. L'Omda fit de son mieux pour réunir les ouvriers demandés et, de pair avec le Cheikh et le chef des gardiens, il avisa tous les habitants de bien recevoir les soldats et de les bien traiter, afin d'éviter toute conséquence désagréable. Du reste, la veille, tous les Omdas des villages avoisinants avaient reçu des instructions du 'Mulahez de bien recevoir les soldats anglais, afin d'éviter tout malentendu. Notre Omda communiqua les instructions qu'on lui avait données à nous tous, et de notre côté, sachant ce qui était arrivé à Azzizia et Badrachein, nous décidâmes de nous tenir absolument tranquilles.

« Le train arriva à quatre heures de l'après-midi et s'arrêta à quelque distance du sud du village.

« Les soldats vinrent au village et furent reçus par l'Omda, le Sheikh, le gardien en chef, tous les gaffiers (gardiens), les gardes eux-mêmes et par moi-même. Nous remarquâmes qu'ils manifestaient l'intention d'entrer dans le village et nous eûmes peur de ce qui pourrait arriver s'ils mettaient leur intention à exécution. L'Omda essaya pour cela de les convaincre de ne pas entrer dans le village, mais ce fut en vain. Aucun d'eux, ni aucun de ceux qui se trouvaient avec eux ne pouvait comprendre ce que l'Omda disait. Ils entrèrent dans le village et s'installèrent partout. Ils prirent toutes les oies, volailles, pigeons, agneaux, etc., qu'ils rencontrèrent. Je vis quelques-uns d'entre eux entourant une femme nommée Aziza Bint Khodeir, femme d'Abdel Tawab Abdel Maksoud, touchant sans vergogne à toutes les parties de son corps et essayant de la violer. Elle appela son mari au secours; il s'élança de la maison, un bâton à la main, et donna un coup sur la tête du soldat qui s'était emparé de sa femme. Un autre soldat fit feu et le tua net. Des murmures de rage et de mécontentement remplirent l'air. On s'indignait de ce que les soldats anglais avaient essayé de déshonorer une femme comme Aziza et, à ce qu'on m'a dit, plusieurs autres encore. Les soldats commencèrent alors à attaquer les maisons, tuant les habitants, pillant tout ce qui leur tombait sous la main, brûlant les bâtiments, les animaux et les gens, et fusillant quiconque se trouvait sur leur chemin. Mon père, l'Omda et moi-même nous nous sommes réfugiés dans notre maison jusqu'au matin. Pendant toute la nuit, les soldats essayèrent en vain de forcer notre porte. Le lendemain matin, à huit heures, le Mulahez vint à notre maison et cria à mon père de sortir. Mon père alors ouvrit la porte, et le Mulahez, avec dix soldats anglais, entra dans notre maison et fouilla dans tous les coins pour voir s'il ne s'y trouvait pas d'armes. Ils n'enlevèrent rien dans la maison, mais emmenèrent mon père, et le Mulahez me donna l'ordre de fermer la porte derrière lui, ce que je fis. Une demi-heure plus tard, quelques soldats, à peu près une demi-douzaine, grimpèrent au-dessus de la maison du voisin et sautèrent dans la nôtre. J'emmenai alors mon jeune frère, âgé de 16 ans, dans une chambre, où nous nous enfermâmes. Les soldats en forcèrent la porte et nous ordonnèrent de sortir, nous menaçant de leurs fusils. Ils nous confièrent à l'un d'eux et le reste pénétra dans toutes les chambres de la maison, forçant coffres et armoires et emportant tout ce qu'ils trouvaient : bijoux, vêtements, etc. Un des soldats déchira mes vêtements et prit mon portefeuille qui contenait 150 L. E. en billets de banque et des bijoux d'une valeur de 200 L. E. Heureusement cette nuit nos femmes étaient absentes dans un village voisin. Les soldats, en sortant, mirent le feu aux tapis de notre salon. Quant à mon père, j'ai entendu qu'il avait été vu à El Ayat et alors à El Wasta, mais on ne sait rien de certain sur son sort. Voici, d'après ce que j'ai entendu, ce que les soldats ont fait à cinq habitants, à savoir: le Sheik Abdel Chani Ibrahim Tolba, son frère Abdel Rehim Ibrahim Tolba, son fils Saïd Abdel Chani Tolba, et deux autres, à savoir: Khafagi Marzouk et Abdel Samad El Okbi; tous ces hommes furent enterrés jusqu'à la taille et fusillés après avoir été défigurés à coups de baïonnettes. J'ai vu leurs corps mutilés et j'ai aidé à les exhumer. Bon nombre d'animaux furent tués, parmi lesquels un de nos buffles et un de nos chameaux. Cent quarante-quatre chevaux sur deux cent dix furent tués et, à notre connaissance, vingt et une personnes furent tuées et douze blessées, desquelles l'une mourut des suites de ses blessures. Il est très probable que les victimes furent plus nombreuses que celles qu'on a pu identifier, car la plupart des maisons furent réduites en cendres, et l'on suppose que beaucoup d'habitants disparurent dans les flammes. Les survivants quittaient le village la nuit et y retournaient le jour. »

Question. — Les soldats étaient-ils armés en quittant le train?

Réponse. — Il y en avait qui étaient armés, d'autres pas. Mais lorsqu'on entendit les soldats dans le village faire feu, le train s'approcha du village et s'arrêta à trente mètres des maisons, mettant des mitrailleuses en action. Heureusement les habitants s'enfuirent dans les champs, et c'est pourquoi les pertes ne dépassèrent pas le nombre ci-dessus mentionné.

Q. — Y a-t-il eu des soldats anglais tués?

R. — Comme le train s'était arrêté très près du village, les mitrailleurs pouvaient facilement distinguer les indigènes s'enfuyant de leurs maisons, mais il est probable que quelques soldats ont été atteints par erreur.

Q. — A combien évaluez-vous personnellement votre perte en argent, bijoux, vêtements, meubles, animaux, etc.?

R. — A pas moins de 600 L. E., sans compter ce que mon père avait sur lui et que j'ignore.

Le témoignage terminé, on lui en fit la lecture; il le confirma et le signa.

Hohammed Ahmed Goma, questionné, répondit ce qui suit :

« Je m'appelle Mohammed Ahmed Goma, âgé de 35 ans, professeur à l'école de filles de Maniel El Roda, né à Nazlet El Shobak et habitant actuellement à Giza.

« Sur la foi du serment :

« Le 30 mars 1919, j'étais à Giza pour affaires. Aussitôt que j'appris ce qui s'était passé, je me précipitai vers mon village El Shobak, où je ne vis que des maisons incendiées en ruines. Il n'y avait plus un seul habitant. J'allai voir ma propre maison, que je trouvai complètement détruite. C'était la maison dans laquelle je passais mes vacances avec ma famille. Le mobilier était complètement brûlé. J'évalue la perte que j'ai subie à 800 L. E. Je fournirai par la suite une liste détaillée de ces pertes. Quelques habitants du village me racontèrent la triste histoire des atrocités commises en fait de pillages et d'incendies. On raconte que quelques-uns des soldats furent brûlés dans les maisons. Les soldats passaient tout leur temps à tuer le monde et à chercher des victimes partout. Les survivants que les soldats trouvaient étaient mis à mort après tant de tortures et de cruautés. A part quelques hommes qui se cachaient, le village, lors de ma visite, ne contenait aucun indigène mâle. Toute la nuit les soldats se mêlèrent aux femmes qui étaient restées. Ils portèrent atteinte à leur chasteté et violèrent beaucoup d'entre elles. Je m'abstiens de citer des cas particuliers, parce que nos paysannes n'avoueraient jamais une pareille honte, qui laisserait d'ineffaçables traces. Cependant certaines circonstances peuvent, au cours de ce procès-verbal, révéler des cas de cette nature. J'ai vu beaucoup d'animaux tués ou brûlés. On m'a raconté l'histoire de la torture et du meurtre du Sheik et de quatre autres hommes qui furent enterrés vivants jusqu'à la taille. On m'a dit que pendant le siège du village les soldats se tenaient souvent dos à dos. Ceux qui faisaient face au village devaient faire feu sur les habitants, tandis que les autres tiraient sur les personnes qui étaient dans les champs, de sorte que six des habitants d'un village voisin (Abouragwan El Kebly) furent tués. »

Question. — Avez-vous encore autre chose à dire?

Réponse. — Non.

Son témoignage terminé, on le lut; il le confirma et le signa.

MOHAMMED MOHAMED RAOUF, questionné, raconta ce qui suit :

« Je m'appelle Mohammed Mohamed Raouf, j'ai 30 ans, je suis fermier, né et habitant à Shobak.

« Sur la foi du serment, je certifie :

« Le jour de l'incident, je vis, près du village l'Omda, le Sheikh et le chef des gardiens. J'appris d'eux qu'ils attendaient l'arrivée d'un train. Ce train arriva et s'arrêta à une petite distance du village. Beaucoup de soldats anglais, quelques-uns armés de fusils, descendirent du train. L'Omda leur dit qu'il pouvait leur donner tout ce qu'ils voulaient et qu'il ne fallait pas qu'ils se dérangeassent. Personne ne répondit. Les ruelles du village étaient encombrées de soldats. Ils attrapaient volailles, oies, etc. Après cela j'entendis des cris, et tout en me dépêchant pour aller voir ce qui arrivait, je rencontrai une personne à laquelle je demandai quelle était la cause de tout ce tumulte. Elle me répondit que les soldats anglais étaient en train de violer des femmes. Entendant une décharge, je me précipitai vers ma maison, qui se trouve en dehors du village et près de la ligne du chemin de fer. Je pouvais voir distinctement le train de mes fenêtres et je remarquai qu'il avait fait machine en arrière pour s'approcher du village; les mitrailleuses furent braquées sur le village et mises en action. Des hommes s'enfuyaient dans toutes les directions, et je vis les soldats anglais se précipitant dans les maisons, le fusil à la main, et pillant tout l'argent, les bijoux, les vêtements, les meubles, etc., qu'ils trouvaient. Dès qu'ils avaient pillé une maison, ils y mettaient le feu en l'enduisant d'une substance inflammable dont j'ignore la nature moi-même. Je les ai vus de mes yeux de ma maison qui est plus haute que les autres maisons du village. L'incendie continua dans le village jusqu'à huit heures du matin. J'ai su après qu'ils avaient emmené le Cheikh du village et quatre autres hommes, qu'ils les avaient enterrés vivants jsqu'à la taille, fusillés et mutilés avec des baïonnettes. Je les ai vus le lendemain dans cet affreux état. Mohammed Khodeir, Abdel Noneim Ibrahim Tolba, Aly Kafaga et moi, nous aidâmes à les exhumer. Nous constatâmes que la partie de leurs corps qui avait été sous terre était en bon état et que la partie supérieure était mutilée, montrant des traces de balles et de coups de baïonnettes. Quelques maisons seulement furent épargnées par l'incendie, et il y eut plus de vingt personnes tuées et quinze blessées. Il fut difficile d'établir le nombre des victimes, vu que la majorité des habitants avait quitté le village. Un grand nombre de moutons furent tués. Les soldats ne mirent pas le feu à ma maison. Ils essayèrent en vain d'en ouvrir les portes pendant la nuit. Le matin, un grand nombre d'entre eux se réunirent devant ma maison, enfoncèrent une partie du mur et forcèrent la porte. Ils entrèrent dans la maison et me dépouillèrent de tout ce que je possédais, c'est-à-dire d'à peu près 200 livres égyptiennes et de bijoux, que j'évalue à peu près à 400 livres égyptiennes. Dans la maison, il y avait six femmes, à savoir: mes deux femmes, la femme de mon père, trois femmes de mes frères; elles me donnèrent toute leur bijouterie à garder. J'enfermai ces femmes dans une chambre. Les soldats continuèrent à fouiller toutes les parties de la maison et prirent tous les vêtements, ustensiles, tapis et carpettes qu'ils trouvèrent. Quelques-uns d'entre eux ouvrirent la chambre dans laquelle se trouvaient cachées les femmes et, après les avoir tirées dehors, les fouillèrent, mais ils ne trouvèrent rien sur elles. Les Muhalez (officiers de police) arrivèrent alors tandis que les soldats étaient occupés à piller. Ces derniers nous prévinrent qu'il fallait quitter la maison, parce qu'ils allaient y mettre le feu, mais le Muhalez leur parla, et il sembla qu'il leur demanda de l'épargner afin de pouvoir y mettre les habitants des maisons brûlées de même que les blessés, la maison étant grande. Les agents de police égyptiens commencèrent à amener tous les survivants, ceux qui étaient sains et saufs, et les blessés. J'allai dans une autre de mes maisons que je trouvai brûlée. Dans cette maison il y avait eu du froment et du maïs pour une valeur d'au moins 100 livres égyptiennes. Les soldats anglais tuèrent une ânesse et un buffle qui m'appartenaient, valant 70 livres égyptiennes. Dans le village, j'appris que les soldats avaient emmené avec eux quatre ou cinq femmes, mais que le Mulahez était allé les délivrer. J'appris aussi que tandis qu'un des soldats essayait de violer Zenab Bint Khalil, femme de Khafaga MarzouH, elle appela son mari au secours. Il tenta de la protéger et fut, à cause de cela, un des cinq hommes qui furent emmenés et enterrés vivants avec le Cheikh du village et fusillés. L'on me dit aussi que Aziza Bint Khodeir, femme d'Abdel Tawab Maksoud, était sur le point d'être violée quand son mari essaya de la défendre et fut tué. La plupart des habitants quittèrent le village; peu seulement restèrent.

Q. — Avez-vous encore des détails à donner?

R. — Non, mais nous demandons à être mis, à l'avenir, à l'abri d'assauts de ce genre faits à nos personnes, à notre honneur, à nos propriétés, et nous prions la justice de s'occuper de notre cas avec impartialité.

Q. — Avez-vous vu des indigènes offensant des soldats anglais?

R. — Jamais. Les habitants, au contraire, étaient très tranquilles et pacifiques. Cette tranquillité était due aux ordres réitérés qui avaient été donnés et à ce qui s'était passé à Azizia et Badrashein.

Sa déposition finie, il la confirma et signa.

N. B. — Le fils de l'Omda demanda à ajouter à sa première déposition ce qui suit:

« Mon père l'Omda a été emmené à un endroit qui nous est inconnu. Le Cheikh fut à moitié enterré vivant et fusillé. Le chef de la garde fut aussi tué dans sa maison et les trois gardes s'enfuirent. Le village n'est à présent à la charge d'aucune personne responsable. C'est pourquoi nous sollicitons le gouvernement de nous protéger de futures attaques dirigées contre nos personnes, notre honneur, nos propriétés, et de protéger aussi la petite partie qui reste encore de notre pauvre village. Il y a quelques jours, nous sommes venus à la Préfecture et nous nous sommes plaints au moudir et aux membres de notre Conseil provincial, qui se réunirent en conseil et examinèrent nos plaintes. Mais jusqu'à présent nous n'avons vu prendre aucune mesure au sujet de nos griefs contre les atrocités commises par les soldats anglais dans notre village. En outre, je ne sais pas encore à l'heure qu'il est où l'on a emmené mon père. »

Sa déposition terminée, il la confirma et la signa.

Procès-verbal terminé le dimanche 13 avril 1919, à trois heures de l'après-midi.

(Signé:) I. D. ABAZA, NAMOUR ZAPT GIZA.

PROCÈS-VERBAL

Commencé le mardi 15 avril 1919, à 10 heures du matin.

Sawi Eff. El Taher, officier de police en charge du poste de police de Magzhouna, vint se présenter.

Questionné, il déposa ce qui suit:

Sur la foi du serment, je certifie que:

« Le 29 mars 1919, je reçus des ordres du moudir par Giza Markaz de garder et de maintenir la discipline tout le long de la ligne et de prendre les mesures nécessaires pour la sûreté et la commodité des soldats qui étaient attendus par un train allant vers la Haute-Egypte et qui devaient réparer les rails de chemin de fer. Je donnai des instructions à tous les Omdas du district et leur communiquai les ordres du Moudir. Le jour suivant, 30 mars 1919, ayant appris que le train approchait, j'envoyai deux de mes agents de police aux Omdas de Mazghouna et Nazlet El Shobak, leur enjoignant d'envoyer les travailleurs requis. Mes agents me rapportèrent que quelque temps avant l'arrivée du train, les Omdas avaient rassemblé des hommes qui devaient aider aux réparations et que lui-même avec le chef de la garde et le Cheikh avaient été au-devant du train.

» A quatre heures de l'après-midi, j'entendis successivement des coups de fusil et le bruit d'une mitrailleuse en action. Immédiatement je montai à cheval et me dépêchai vers le train où je vis l'officier commandant, après avoir été longtemps arrêté par les gardes anglais. Le village était encore toujours sous le feu quand je parlai au commandant. Les mitrailleuses cessèrent, mais la fusillade continua jusqu'au jour suivant. Je demandai au commandant quelle était la cause de ce désordre, et il me dit que quand le train s'était arrêté à un endroit endommagé de la ligne, les soldats descendirent vers le village sans armes et que les Bédouins avaient tiré sur eux et en avaient blessé quelques-uns. Je lui expliquai que les habitants du village étaient tous des fellahs et non des Bédouins. Un autre officier me raconta qu'il vit à peu près soixante indigènes sortant armés du village et, montrant du doigt les villages voisins, il dit qu'il était probable que les Bédouins viendraient de ces villages pour attaquer le train. Je lui assurai qu'il n'y avait pas de Bédouins, que tous les habitants étaient tranquilles et pacifiques et qu'ils n'avaient eu rien à faire avec les dégâts causés sur la ligne. Il demanda s'il était vrai que la station était sûre et je lui en donnai l'assurance. En même temps, un autre officier vint à moi et je lui demandai la raison pour laquelle on faisait feu sur le village. Il me répondit que quelques-uns des indigènes avaient jeté des pierres au train lorsqu'il était passé et que lorsqu'il s'était arrêté, ils avaient tiré sur les soldats. J'observai qu'il y avait beaucoup de soldats dans toutes les parties du village, il y en avait qui tiraient sur les habitants, d'autres étaient couchés sur le sol faisant face aux champs et tiraient sur les fermiers et leur bétail. Je demandai au commandant de cesser le feu afin que je puisse entrer dans le village, mais il refusa, me disant que je ne pouvais pas y entrer avant le lendemain matin. Il avançait comme excuse que les soldats étaient tous dispersés dans les champs, dans les villages et partout et qu'il lui était très difficile de leur communiquer un ordre. J'étais là comme pétrifié et je ne pouvais trouver aucun moyen de mettre fin à cette terrible scène. Je vis trois hommes parmi lesquels le Cheikh (le seul cheikh du village) gardés à vue comme des prisonniers par les soldats anglais. Je demandai quelle était la raison pour laquelle on les avait arrêtés, et les officiers me dirent que ces trois hommes avaient encouragé les indigènes à tirer sur les soldats. On avait essayé de leur faire dire le nom des villageois qui étaient armés, mais ils avaient dit qu'ils ne voyaient aucune arme. Je dis alors aux officiers que l'un de ces trois hommes était le Cheikh dont le devoir était de rassembler toutes les armes du village, et que s'il y

avait eu des armes dans le village, il les aurait confisquées et remises
aux autorités civiles. Quelques officiers affirmèrent qu'ils avaient vu
eux-mêmes des armes dans les mains de certains indigènes et que
prétendre le contraire serait un mensonge. Je demandai alors au
Cheikh s'il savait qu'il y avait des armes chez les habitants, mais il
affirma que « s'il y en avait eu, il les aurait sûrement remises aux autorités, conformément aux règlements ». Les officiers en colère m'ordonnèrent de les laisser et de m'en aller, disant qu'ils se chargeraient
eux-mêmes de questionner le Cheikh. Alors, je retournai à mon
poste de police, voyant que ma présence ne servait à rien. Mais en arrivant à mon poste, qui était à une distance de trois kilomètres, je vis
le village derrière moi entouré de flammes et je m'en retournai vers
le train pour savoir ce qui avait occasionné cet incendie. Il était alors
six heures et, rencontrant un des officiers, je lui demandai s'il avait
donné l'ordre d'incendier le village. Il haussa les épaules et dit que
c'étaient là des ordres militaires qui ne me regardaient pas. Le lendemain, après toute une nuit d'incendie et de fusillades dans le village,
j'allai trouver le commandant et je lui demandai de donner des ordres
de faire cesser le feu et de me permettre d'entrer dans le village.

» A ce moment je vis un grand nombre d'hommes, de femmes et
d'enfants debout près du train et entourés de soldats armés qui les surveillaient. Dès qu'ils me virent, ils appelèrent au secours. »

(Ici le Mulahez éclata en sanglots et l'interrogatoire fut suspendu
pendant quelques minutes. Il se ressaisit et continua :)

« Lorsque je demandai à l'officier la raison pour laquelle ces
gens étaient arrêtés, il me répondit que c'étaient les soldats qui les
avaient amenés. Je le priai de me les confier, car la plupart d'entre eux
étaient des femmes et des enfants. Quand les officiers me virent sup-
plier les larmes aux yeux, ils me cédèrent. Avec la permission du commandant, qui nous donna pour escorte un peloton de soldats pour nous
accompagner, nous entrâmes dans le village où je vis l'officier qui s'y
trouvait et lui demandai d'ordonner aux soldats de quitter le village
et de cesser de tirer et d'incendier. Il dit qu'il voulait d'abord s'assurer qu'il n'y avait pas d'armes dans les maisons, mais je lui demandai
ce qu'il chercherait quand il ne resterait plus que des ruines. Il me répondit qu'il fouillerait les maisons qui n'avaient pas encore été incendiées. Je cherchai l'Omda, mais je ne le trouvai pas. Je vis un autre
groupe de femmes entourées de soldats. Elles m'appelèrent au secours,

je les sauvai et les mis dans une maison qui n'était pas encore en ruines. Je me rendis alors à la maison de l'Omda, conduit par un des gardes du village et trouvai la porte fermée. Nous frappâmes plusieurs fois, mais ne reçûmes pas de réponse. Je criai mon nom à l'Omda qui se montra enfin. L'officier anglais voulait fouiller la maison de l'Omda. »

(Ici le mulahez éclata en sanglots et l'interrogatoire fut suspendu jusqu'à ce qu'il se fût ressaisi. Il reprit alors:)

« J'expliquai à l'officier que l'Omda était le chef du village et qu'il n'était que juste de le traiter avec respect, mais il insista pour qu'on perquisitionnât dans la maison afin de voir si elle ne contenait pas d'armes. C'est ce que nous fîmes. Nous n'y trouvâmes pas d'armes. Nous quittâmes alors la maison, accompagnés par l'Omda, pour perquisitionner dans les autres maisons. Dans toutes les maisons dans lesquelles nous pénétrions, nous trouvions déjà un groupe de soldats en train de fouiller. Nous les faisions sortir et faisions la perquisition nous-mêmes. Nous ne trouvâmes aucune arme dans tout le village, excepté un vieux pistolet qui ne marchait plus et qu'un soldat disait avoir trouvé quelque part sans se rappeler exactement où. Pendant notre inspection, nous pûmes observer que les maisons du village étaient pour la plupart démolies et que les soldats avaient tout pillé, emportant meubles, volailles, oies, lapins, etc. Dans un des wagons du train, nous vîmes trois moutons qui avaient été abattus et pendus. Dans tous les wagons il y avait des quantités de poules, oies, lapins, etc. Je vis un soldat emportant un tapis neuf, et comme je lui demandais de le laisser, il me dit qu'il en avait besoin pour meubler son compartiment. Un autre soldat portait des ustensiles de cuivre et d'autres paquets, entre autres des paniers contenant des ustensiles de ménage. Je rencontrai un officier autre que celui qui était dans le village et j'obtins de lui qu'il fit sonner la trompette afin de rassembler tous les soldats. J'entendis des appels au secours venant d'une des maisons et, en entrant, je trouvai une femme entourée par trois soldats anglais. Je lui demandai pourquoi elle pleurait et elle me dit que ces soldats avaient essayé de la violer. Quand ils me virent parler à cette femme et virent la colère dans laquelle j'étais, ils quittèrent la maison. Je lui demandai si les soldats avaient mis leur intention à exécution, elle me répondit négativement, bien que sa figure exprimât la plus grande honte. Je la conduisis à un endroit qui me semblait plus sûr et, six jours plus tard, j'entendis dire dans le village que beaucoup de femmes avaient été violées. Je fis une enquête à ce sujet et découvris que la femme que j'avais secourue était une des victimes. Elle avait été honteuse de me l'avouer et sa famille souffrit amèrement quand le fait fut connu de tous.

« Nous nous mîmes à la recherche des corps et nous en trouvâmes trois dans le village parmi lesquels le corps d'une femme brûlée dans sa maison. Voyant combien terrible l'incendie avait été pendant la nuit, nous pensâmes que les victimes devaient certainement être plus nombreuses que trois, et nous envoyâmes des hommes chercher dans les champs. Ils trouvèrent dix-sept corps et dix-sept blessés. Le lendemain, on nous informa que cinq corps avaient été trouvés dans un marais au sud du village; ils avaient été fusillés et portaient des traces de coups de baïonnettes. Le Cheikh du village mentionné plus haut était un des cinq. Quelques habitants me dirent qu'ils avaient trouvé ces cadavres enterrés jusqu'à la taille et fusillés; leurs figures étaient toutes mutilées et couvertes de lambeaux d'étoffe, la partie inférieure de leur corps n'avait pas été maltraitée. Je demandai à voir ces corps moi-même, mais l'Omda de Shobak El Charby (Shobak Ouest) me dit que ces corps avaient été enterrés à Shobak Sheaky (Shobak Est) le 31 mars 1919. L'Omda d'Abouragwan El Kebly me raconta que six hommes de son village avaient été visés tandis qu'ils passaient près de Nazlet El Shobak; trois d'entre eux furent tués et trois d'entre eux blessés. »

Q. — Que devint l'Omda?

R. — Tandis que l'Omda nous accompagnait dans nos recherches, un officier venant du train armé s'approcha de nous et demanda à l'Omda la cause de l'incident; ce dernier répondit qu'il ne la connaissait pas. L'officier alors l'emmena pour voir le commandant. L'Omda demanda à être accompagné par le mulahez, mais l'officier refusa et donna l'ordre à deux soldats de le conduire jusqu'au train, où on le mit sous surveillance dans un wagon qui fut dirigé vers le Sud. Je dis alors à l'officier qu'il avait fait emmener l'Omda pour lui faire subir un interrogatoire de la part du commandant, mais que le train l'avait emmené. Il me répondit qu'il devait être interrogé à El Ayat. J'assurai à l'officier que l'Omda était absolument irresponsable de ce qui s'était passé et qu'il était connu comme un homme honnête et véridique. L'officier me demanda de ne pas répéter ces paroles et de me taire. Je restai comme pétrifié sur place, mêlant mes larmes à celles de ceux qui pleuraient. Jusqu'à présent je ne sais pas ce qu'il est advenu.

Q. — Vous avez fait un rapport au Moudir le 31 mars 1919, d'après lequel le train se serait arrêté à El Shobak et quelques soldats anglais non armés se seraient rendus au village pour acheter des provisions, qu'une querelle serait intervenue entre eux et les villageois et que vous aviez été informé par le commandant que les indigènes avaient tiré sur les soldats qui furent alors obligés d'aller chercher leurs armes dans le train pour se défendre et tirer sur les habitants. (Nous lui lisons le reste de son rapport.)

R. — J'envoyai mon télégramme immédiatement après avoir rencontré le commandant et avant de savoir quoi que ce soit sur la cause de l'accident, si ce n'est ce qui m'avait été communiqué par le commandant, et que je croyais être l'exacte vérité. Comme je tenais à envoyer au plus vite un message à la Préfecture et que je n'étais pas encore au clair sur la situation, j'envoyai ce message dans les termes que vous venez de lire, me fiant aux dires du commandant. Afin d'éviter tout malentendu, j'aurais mieux fait de commencer mon télégramme ainsi: « Le commandant m'a dit que... » etc.

Q. — Y a-t-il eu des officiers qui ont pris part aux atrocités?

R. — Il est évident que les incendies n'auraient pas pu avoir lieu sans l'ordre des officiers, mais les pillages et les violations ont probablement été faits de la propre initiative des soldats. Les meubles et les volailles furent enlevés du village en présence des officiers. Chaque wagon contenait des choses pillées. Si les officiers avaient voulu empêcher cela, il leur eût été facile de commander aux soldats de tout rapporter au village. Le train qui se dirigea ensuite vers le Sud fut vu de tous les villages et de toutes les villes situées le long de la ligne, et tout le monde put voir les volailles, oies et lapins qui avaient été suspendus aux portes des wagons. Pour ce qui est de l'attitude des officiers, je vis l'un d'entre eux s'en allant tenant deux œufs d'oie dans la main. Lorsqu'il me vit, il était gêné. Ceci se passait devant d'autres personnes que moi. L'Ombachi (caporal de police) Mohammed Hamdi et deux gardes de Mazghouna (je me souviens que l'un d'entre eux s'appelle Ali Zaki, mais je ne me souviens pas du nom de l'autre) étaient parmi ceux qui peuvent témoigner que tout ce que j'ai dit est conforme à la vérité.

Q. — Y avait-il des officiers dans le village avec les soldats?

R. — Quand je retournai au village le lendemain, je ne vis que les officiers qui m'avaient accompagné pendant les perquisitions. Je ne sais pas s'il y avait d'autres officiers dans le village. Deux autres officiers arrivèrent alors. Je leur demandai de faire cesser les soldats. Ils firent sonner la trompette et les rassemblèrent.

Q. — Savez-vous s'il y avait des officiers la nuit dans le village avec les soldats?

R. — Je ne suis pas entré dans le village la nuit, mais je suis rentré au poste de police, de sorte que je ne suis pas en état de donner des renseignements à ce sujet.

Q. — Connaissez-vous quelques-uns des soldats qui commirent des méfaits et quelques-uns des officiers qui furent avec eux?

R. — Je connais de vue le commandant et les officiers qui étaient dans le village, de même que quelques-uns des officiers, mais les soldats ne peuvent pas être distingués les uns des autres: ils prirent tous part aux atrocités.

Q. — N'y eut-il aucun officier ou soldat de tué dans l'incident?

R. — Personnellement je ne vis aucun d'eux tué ou blessé, mais j'ai entendu dire par le commandant que quelques soldats (je ne sais pas combien) avaient été blessés.

Q. — Que savez-vous de l'attitude de l'Omda et du Sheik pour assurer la sécurité pendant ces incidents?

R. — Tous les deux maintinrent la discipline par tous les moyens.

Q. — Que savez-vous du meurtre du Sheik Chafar (le chef de la garde) ?

R. — En arrivant au village, je le demandai, mais ne pus pas le trouver. A la fin, j'appris qu'il s'était caché dans sa maison pendant que les soldats tiraient sur le village. Les soldats attaquèrent sa maison, en enfoncèrent la porte, pillèrent ce qu'elle contenait et y mirent le feu. Il sortait alors du four dans lequel il s'était caché et essaya d'éteindre l'incendie. Un des soldats le tua net. Il est l'une des victimes que j'ai mentionnées dans mon rapport.

Q. — Avez-vous quelque chose d'autre à déposer?

R. — Ceci est ce que j'ai vu et entendu et ce dont je me souviens pour le moment. On pourrait aussi questionner les villageois sur ce qu'ils ont enduré personnellement. Il y a beaucoup de cas qui me sont inconnus et d'autres dont je ne me souviens pas en ce moment.

Sa déposition faite, il la confirma et la signa.

Nous questionnâmes le Mulahez de la façon suivante:

Q. — Tous les soldats que vous avez trouvés dans le village étaient-ils armés?

R. — Oui, ils étaient tous armés de fusils.

Q. — Avez-vous fait une enquête approfondie pour trouver la cause de l'incident?

R. — Oui, j'ai questionné un des villageois qui me dit que lorsque le train s'arrêta au village, les soldats qui s'y trouvaient descendirent armés et se mirent à rassembler les volailles et les oies dans les chemins. L'Omda était avec quelques-uns d'entre eux. Quelques soldats essayèrent de violer la femme d'un des villageois, et la première querelle commença, les habitants essayant d'empêcher les soldats de violer les femmes, et les soldats persistant à le faire. En outre, les soldats tirèrent sur quelques-uns des habitants et en tuèrent quelques-uns. Quelques soldats arrivèrent du train, en renfort, et tout le bataillon se mit à faire feu sur le village. On me dit que la première femme dont la chasteté fut atteinte fut Zenab Bint Khalil. Ce sont en somme les viols qui furent la cause principale de l'incident.

Q. — Qui fut la femme brûlée vive dans sa maison et que vous avez mentionnée précédemment?

R. — Le premier jour de l'incident, nous fûmes informés que la femme qui avait été brûlée était Maryam Bint Soliman El Fouli. Deux jours plus tard, on me dit que deux autres femmes, Aziza Bint El Sayed et Nazim Bint El Kordi avaient été trouvées brûlées dans leur maison. J'ai vu personnellement le corps de la première de ces femmes, mais je n'ai pas vu les deux autres corps, vu que les habitants les avaient enterrés. Il se peut que l'on découvre plus tard qu'un plus grand nombre de femmes ont été brûlées vives.

Q. — Avez-vous d'autres détails à donner encore?

R. — Non, j'ai fait ma déposition sur la foi du serment, citant les faits exactement, n'écoutant rien d'autre que ma conscience, et conscient de ma responsabilité devant la Providence, sans autre considération quelle qu'elle soit.

Sa déposition terminée, il la confirma et la signa.

Procès-verbal terminé le même jour, à deux heures trente de l'après-midi.

(Signé:) I. D. ABAZA,
Mamour Zapt de Giza.

PROCES-VERBAL

Commencé le même jour, à quatre heures.

L'agent de police Mohamed est convoqué. Il déposa ce qui suit:

Mohamed Hamdy Hussein, âgé de 27 ans, Ombashi de la station de police de Nazghouna,

Sur la foi du serment:

« Le 30 mars 1919, à peu près à 4 heures de l'après-midi, étant au poste de police, j'entendis plusieurs coups de fusil et le Mulahez se rendit à la hâte au lieu de l'incident. La fusillade continua jusqu'au matin sans interruption. Nous distinguâmes le bruit de quelques mitrailleuses en action. Le lendemain matin je me rendis avec le Mulahez sur les lieux de l'incident. En approchant du train, nous trouvâmes un groupe de femmes et d'enfants stationnant le long du train. Lorsqu'elles nous aperçurent, elles se mirent à pleurer et à appeler au secours. Là-dessus le Mulahez alla chez le commandant et obtint de lui qu'il donnât l'ordre de les relâcher et de rentrer dans le village avec une escorte de soldats. Dans la partie Sud du village, nous trouvâmes quelques femmes entourées par une bande de soldats armés. Le Mulahez intervint en leur faveur auprès de l'officier, car leurs cris et pleurs étaient amers et pitoyables à entendre. L'officier leur permit alors d'entrer dans l'une des maisons qui n'avaient pas encore été brûlées. Pendant notre tournée d'inspection, nous trouvâmes quelques corps sur le chemin, des maisons démolies et brûlées, quelques-unes brûlaient encore. Nous allâmes alors voir l'Omda dans sa maison. Lorsqu'il sut que c'était le Mulahez qui venait le voir, il ouvrit la porte. Alors les soldats anglais se précipitèrent dans la maison pour voir si elle ne contenait pas d'armes, mais ils n'en trouvèrent pas. L'Omda fut emmené sous escorte et nous reprîmes nos recherches, entrant dans les quelques rares maisons qui n'étaient pas encore brûlées. Elles étaient pleines de soldats perquisitionnant et pillant. Il ne s'y trouvait pas d'hommes, car ils avaient tous quitté le village par crainte d'être assassinés ou brûlés.

Nous entrâmes dans quelques-unes des maisons qui brûlaient encore, où nous trouvâmes quelques femmes qui risquaient d'être brûlées parce que les soldats anglais les avaient empêchées de s'enfuir. Lorsqu'une bande de soldats obéissait aux officiers et quittait la maison, il s'en trouvait aussitôt une autre pour entrer dans la même maison. Nous entrâmes dans une maison qui achevait de se consumer, et nous trouvâmes dans la cour trois femmes vivantes et le corps brûlé d'une quatrième.

« Les soldats étaient éparpillés par toute la maison. Leurs sacs étaient pleins de tout ce qu'ils avaient volé, et en dessous de leurs chemises ils avaient fourré des tas de choses qui les faisaient ressembler à des femmes enceintes. Ils ne laissèrent pas une seule oie ni une poule derrière eux. J'en vis emportant des tas de tapis, de carpettes, des poêles et autres ustensiles et plusieurs autres choses encore sur lesquelles j'attirai l'attention du Mulahez, qui pria l'officier de les faire restituer mais en vain. On nous dit que les soldats avaient envahi la maison de l'Omda après que nous l'eûmes quittée, l'avaient pillée et y avaient mis le feu. Parfois une vingtaine de soldats attaquaient la même maison. Le nombre total de soldats s'élevait à environ 7 ou 800. Je vis un second lieutenant portant deux œufs d'oie. Les soldats volèrent quelques moutons et les pendirent en compagnie des oies, poules et lapins à l'intérieur du train et quelques volailles furent pendues aux fenêtres du train. Le son de la fusillade s'entendait encore dans l'intérieur des maisons. Nous entrâmes dans une maison où nous trouvâmes trois soldats entourant une femme qui criait au secours. Elle dit au Mulahez que ces soldats étaient en train d'essayer de la violer. Elle était hors d'elle-même, de crainte et de honte. Les trois soldats sortirent et le Mulahez lui demanda si elle avait été violée, mais elle répondit négativement. J'avais des doutes sur la vérité de ses paroles, car elle craignait, je crois, le déshonneur et la disgrâce. »

Q. — Les officiers virent-ils les soldats emporter leur butin sans leur donner l'ordre de cesser?

R. — Ils les virent et ne les empêchèrent pas. La volaille fut alors pendue dans toutes les voitures et dans celle du commandant lui-même. Les officiers riaient et répétaient le mot arabe: « Kowayes, kowayes! », ce qui signifie: « Bon, bon! ».

Sa déposition terminée, il la confirma et la signa.

Om El Sayed Bint Mohammed, âgée de 35 ans vivant à Nazlet El Shobak.

Sur la foi du serment a certifié ce qui suit : « Lorsque j'entendis la fusillade dans l'après-midi je pris mes enfants et je m'enfermai avec eux dans notre maison. J'entendis les balles crépiter toute la nuit jusqu'au matin, lorsqu'à la fin deux soldats forcèrent ma porte et se précipitèrent dans la maison (ici elle se mit à pleurer amèrement. L'interrogatoire dut pour cela s'arrêter un moment. Puis elle reprit) : Les soldats fouillèrent toute la maison et prirent tout l'argent et tous les bijoux qu'ils trouvèrent sur moi. L'un d'eux me viola et l'autre dépouilla la maison. Ils sortirent alors et trois autres entrèrent essayant de renouveler le même acte honteux sur moi mais je criai au secours et quand le Mulahez entra ils me laissèrent et sortirent. Le Mulahez m'emmena alors à une autre maison. Lorsque je retournai à ma maison je la trouvai brûlée. Mes enfants étaient saufs. Quand les soldats m'avaient attaquée, mes enfants s'étaient enfuis sur le toit, le plus jeune âgé de quatre ans resta auprès de moi. »

Sa déposition terminée elle la confirma, et elle fut timbrée.

Zeinab Bint Khalil fut appelée et questionnée :

Zeinab Bint Khalil, âgée de 35 ans, vivant à Nazlet El Shobak. Sur la foi du serment, elle affirme ce qui suit:

« Lorsque nous entendîmes le son de la fusillade dans l'après-midi, nous nous enfermâmes dans la maison, mon mari, ma fille, mes enfants et moi-même. La nuit quelques soldats, dix environ, forcèrent notre porte et prirent tout l'argent et les bijoux qu'ils trouvèrent. Nous cachâmes mon mari dans une chambre. Ils saisirent ma fille et la renversèrent sur le dos. L'un d'eux la viola tandis que les autres l'entouraient et pillaient tout ce qui leur tombait sous la main. Mes enfants poussaient des cris, ce qui fit sortir mon mari de sa cachette. Il pria les soldats de s'abstenir de porter atteinte à ma chasteté. Ils le mirent à la porte et mirent le feu à la maison tandis que nous y étions encore. Nous nous enfuîmes vers une autre de nos maisons dans laquelle nous gardions le bétail, mais nous la trouvâmes déjà consumée, ainsi que le bétail qui s'y trouvait. Le matin après le départ du train, j'appris que cinq hommes du village avaient été fusillés. J'allai voir si mon mari n'était pas parmi eux. Je le trouvai enterré jusqu'à la taille, le côté percé d'une balle et une blessure au cou. Je pris son corps et l'enterrai. »

Sa déposition terminée elle la confirma et on la cacheta.

Saada Bint Hassanein : Nous questionnâmes Saada Bint Hassanein, qui déclara sur la foi du serment ce qui suit :

« Mon nom est Saada Bint Hassanein; j'ai 50 ans; je vis à Nazlet El Shobak :

« Lorsque nous entendîmes la fusillade, nous nous enfermâmes dans notre maison, mon mari, mon fils, ma bru, et moi-même. Mon fils et mon mari étaient dans une chambre. Les soldats me découvrirent d'abord, et puis ensuite ma bru. Ils nous étendirent par terre de honteuse façon, en répétant le mot « Zig zig ». Nous comprîmes qu'ils voulaient nous violer, et pour les empêcher de le faire, nous leur baisâmes les pieds et les mains, les suppliant de nous épargner, mais en vain. Lorsque nous fûmes assurées qu'ils voulaient mettre à exécution leur désir brutal, nous criâmes au secours. Mon mari et mon fils sortirent de leur cachette, mais ayant pour toute arme un bâton. Lorsque les soldats les aperçurent, ils firent feu sur eux et les tuèrent tous les deux. Mon fils avait à peu près 25 ans et mon mari 50. Lorsque nous les vîmes assassinés, ma bru et moi nous nous sauvâmes, réfugiâmes dans le four. Les soldats alors prirent tout l'argent et la bijouterie qu'ils trouvèrent. Ils ouvrirent aussi les armoires et les coffres, et avant de partir, ils mirent le feu à la maison. Nous nous enfuîmes vers une autre de nos maisons, mais nous découvrîmes qu'on y avait aussi mis le feu, et qu'elle était brûlée, ainsi qu'un magasin de froment. Ils ne nous laissèrent rien, pas même nos vêtements; ce qu'ils n'emportaient pas était complètement brûlé. »

Sa déposition terminée, elle la confirma, et les cachets furent mis.

Procès-verbal terminé à la date ci-dessus mentionnée, à 7 heures du soir.

PROCES-VERBAL

Commencé le mercredi 16 Avril 1919, à 9 h. 35 du matin

Soliman Mohammed El Fouli : âgé de 50 ans, né à Nazlot El Shobak. Sur la foi du serment affirme ce qui suit :

« L'après-midi du jour de l'incendie, j'entendis un murmure que les Anglais avaient attaqué notre village. Je fermai immédiatement la porte de ma maison, et y demeurai seul avec ma femme, car mes fils étaient aux champs, avec le bétail. Nous entendîmes ensuite plusieurs coups de fusil et pendant ce temps quatre soldats forçaient ma porte et se précipitaient dans ma maison. Dès qu'ils furent entrés, ils nous fouillèrent et ils enlevèrent les bijoux de ma femme et mon argent. Ils emmenèrent alors ma femme dans une chambre, tandis que deux hommes armés me surveillaient de façon à ce que je ne puisse pas remuer, tandis que les autres la renversaient par terre, sous mes yeux. Un des soldats se déculotta et souleva les vêtements de ma femme jusqu'à sa poitrine, essayant de la violer. Elle résistait et donnait des coups de pied au soldat qui était couché sur elle, alors un autre soldat la tua d'une balle dans le côté droit. Lorsque les autres soldats virent cela ils me lâchèrent et je m'échappai dans les champs. J'y passai toute la nuit, et en retournant à ma maison le lendemain matin, après la fusillade, je l'ai trouvée complètement consumée. Mon bétail se trouvant par hasard dans les champs fut épargné. »

Sa déposition terminée, il la confirma et elle fut cachetée.

Mohammed El Kordi, âgé de 20 ans, vivant à Nazlet El Shobak, déposa sur la foi du serment ce qui suit :

« L'après-midi du jour où les soldats anglais entrèrent dans le village, j'en vis une grande quantité remplissant le chemin dans lequel je demeure. J'entrai alors dans ma maison et fermai la porte. Il n'y avait personne dans la maison, excepté ma sœur Nazima, une vierge de 17 ans. La porte de ma maison fut alors ébranlée, et 8 soldats anglais entrèrent. Deux soldats me tinrent et deux autres tinrent ma sœur, tandis que les autres fouillaient la maison et volaient toute la bijouterie et tout l'argent qu'ils pouvaient trouver. Moi, quoique gardé à vue, je fus à même de voir ce que faisaient les deux soldats qui s'étaient emparés d'elle. Ils commencèrent par la renverser par terre; malgré ses cris au secours et la résistance qu'elle leur opposait, ils relevèrent sa robe jusqu'à son cou, la mettant ainsi complètement à nu. L'un des soldats se déculotta et la viola, en dépit de ses cris et de ses appels au secours. Lorsqu'il eut fini, l'autre qui la tenait par la tête essaya de la violer à son tour, mais elle résista et essaya de se sauver. Il lui tira une balle dans la tête. La balle traversa le derrière de la tête et sortit par les joues; la pauvre fille mourut sur-le-champ. On lui enleva son collier, et les draps, poêles et tout l'argent de la maison furent volés. Après leur départ, je sortis et je passai toute la nuit dans les champs. Le matin, lorsque je retournai, après que la fusillade eut cessé, je trouvai ma maison brûlée. »

Sa déposition terminée, elle fut confirmée et on la cacheta.

Hussein Sayed El Noor, âgé de 46 ans, vivant à Nazlet El Shobak, marchand;

Sur la foi du serment:

« L'après-midi du jour de l'incident en question, quinze soldats anglais entrèrent dans ma maison où se trouvaient mon frère Mohammed El Mohr, garde en chef, trois femmes, cinq enfants et moi. Les soldats pillèrent les bijoux et l'argent qu'ils rencontrèrent. Les femmes prises de panique se sauvèrent à l'étage supérieur et nous les suivîmes. Après que les soldats eurent pillé tout ce qu'ils avaient pu trouver dans les armoires et les coffres qu'ils avaient forcés, ils montèrent à l'étage supérieur où nous étions. Ils attaquèrent indécemment une des femmes et en violèrent une autre. Les autres soldats étaient restés près de la porte. J'essayai alors d'entrer, mais j'en fus empêché par les soldats qui se tenaient près de la porte et qui me menaçaient de leurs fusils. Pendant ce temps, mon frère pleurait, disant: « Nous aurions tout supporté, mais nous ne pouvons pas voir nos femmes violées. Ceci est insupportable. » Il se précipita alors dans la chambre pour sauver celle qui était devenue la proie d'un soldat anglais, mais on tira aussitôt sur lui. J'avançai alors et pris mon frère dans mes bras, le transportant dans une chambre voisine. Il mourut le jour suivant. Les soldats restèrent avec les femmes pendant longtemps. Moi-même je vis de mes yeux ma femme Aisha violée. Je crois qu'il n'y eut pas une femme qui échappa à ce déshonneur, car les soldats restèrent dans le village depuis l'après-midi jusqu'au matin suivant, tandis que les hommes du village s'étaient enfuis. Les quelques personnes qui furent laissées dans le village furent ou bien tuées ou bien gardées à vue. S'il n'y a pas un plus grand nombre de femmes et de jeunes filles qui viennent témoigner qu'on les a violées, c'est à cause du déshonneur éternel qui en rejaillirait sur elles. Les soldats mirent alors le feu à la maison que nous éteignîmes après leur départ. La maison fut brûlée en partie. Un autre groupe entra pour fouiller la maison, mais ils ne trouvèrent rien, et lorsqu'ils virent les hommes tués et l'état pitoyable dans lequel se trouvaient les femmes, ils s'en allèrent. »

Q. — Votre frère s'est-il défendu avec son fusil ?

R. — Les soldats anglais vinrent l'après-midi et les ghaffirs (gardes) vont en général chercher leurs fusils dans la maison de l'Omda après le coucher du soleil.

Q. — Avez-vous d'autres détails à donner ?

R. — J'avais un magasin dans ma maison qui contenait du froment, du maïs, du riz, du beurre, du fromage : tout cela fut pris. »

Sa déposition terminée, il la confirma et on la cacheta.

Madmud Ibrahim Abdel Hadi, âgé de 32 ans, vivant à Nazlet El Shobak, certifie :

Sur la foi du serment :

« J'étais à la maison quand les soldats firent feu dans le village. Lorsque j'ouvris la porte pour voir ce qui se passait, six soldats se précipitèrent dans la maison, quatre d'entre eux m'attrapèrent tandis que les deux autres s'emparèrent de ma sœur et l'emmenaient dans une chambre où ils la violèrent l'un et l'autre. Elle criait au secours tout le temps, mais en vain. Moi-même j'avais assisté au viol, incapable de faire quoi que ce soit pour la défendre. Un des soldats la tua en tirant snr elle et un autre vola tout l'argent et toute la bijouterie qu'il trouva. Ils mirent le feu à la maison en y versant un liquide qui se trouvait dans des bouteilles qu'ils avaient sur eux. Ils versèrent aussi un peu de ce liquide sur le corps de ma sœur et la brûlèrent. Je grimpai sur le toit et sautai sur une maison qui n'avait pas encore été incendiée, et je continuai à sauter de toit en toit jusqu'au matin. Le nom de ma sœur est Aziza. Elle était âgée de trente ans. Personne d'autre ne se trouvait avec nous dans la maison. »

Sa déposition terminée, il la confirma et la signa. Puis elle fut cachetée.

Mahmud Ibrahim Abdel Hadi, âgé de 32 ans, vivant à Nazlet El Shobak, certifie ce qui suit:

Sur la foi du serment:

« Je vivais dans une maison qui avait trois entrées. Les troupes anglaises ébranlèrent les portes le jour de l'événement, et le lendemain matin les soldats pénétrèrent dans la maison, où ils trouvèrent mon père, Sheik Abdel Wahed Ali Tolba et trois femmes, à savoir: ma mère, la femme de mon frère et la femme de mon oncle. Mon père enferma les femmes dans une chambre dont les soldats anglais forcèrent la porte. Mon père les supplia de laisser les femmes tranquilles, mais en vain. Ils les tirèrent par les cheveux hors de la chambre. Mon père pleurait et criait: « Honte sur vous! Honte sur vous! » Alors un des soldats lui envoya deux balles et il mourut instantanément. Ils prirent l'argent qui se trouvait dans ses poches et dans la valise. Je pleurais et je baisais les mains des soldats, les suppliant de laisser les femmes tranquilles. Ils volèrent les tapis qui se trouvaient dans la maison, les poêles et les vêtements. Ils mirent le feu à nos provisions de maïs et de froment. Notre grande maison fut incendiée, mais la moitié seulement en fut brûlée. Lorsque le Mulahez vint le lendemain matin, il vit le dernier tapis enlevé par un des soldats et il pria le soldat de le rendre. J'ai appris qu'on avait tiré sur mon oncle et qu'il avait été blessé à la jambe. »

Sa déposition terminée, il la confirma et on la cacheta.

Aly Sayed Mansour apparut et certifia ce qui suit:

Sur la foi du serment:

« J'ai soixante ans, je suis fermier et je vis à Nazlet El Shobak.

« Le jour de l'événement, les soldats anglais entrèrent dans ma maison et pillèrent tout ce qu'elle contenait. Les femmes s'enfuirent et les soldats emportèrent tous les bijoux et tout l'argent qu'ils trouvèrent. Ils firent feu sur mon buffle, qui fut tué. Je fus gardé à vue et conduit le long du train à côté d'un groupe composé de femmes, d'enfants et de quatre hommes. Quand l'officier de police, le Mulahez, vint, nous nous mîmes à pleurer et les femmes appelèrent au secours. Il parla alors aux officiers et on lui permit de les libérer. Je trouvai que ma maison avait été épargnée par l'incendie. »

Sa déposition terminée, il la confirma et on la cacheta.

Fatma Bint Hassan Abou Taleb fut appelée. Elle certifie ce qui suit :

Sur la foi du serment :

« Je m'appelle Fatma Bint Hassan Abou Taleb, j'ai trente-cinq ans, j'habite à Nazlet El Shobak. Au lever du soleil, je trouvai la porte de ma maison enfoncée et ouverte et quatre soldats anglais avaient pénétré dans la maison. Je dis alors à mon mari de rester sur le toit, que je resterais avec les trois enfants en bas pour donner aux soldats ce qu'ils voulaient. Ils volèrent 30 livres égyptiennes et mes bijoux qui se trouvaient dans une boîte. Je criai au secours, les suppliant de me laisser, vu que j'étais enceinte. Mon mari m'entendant crier vint à mon secours. Lorsque les soldats l'aperçurent, l'un d'eux lui envoya une balle dans la tête et il mourut instantanément. Mes enfants et moi-même appelions au secours de toutes nos forces, mais malgré cela les soldats mirent le feu à notre maison qui fut complètement détruite. Mon mari s'appelait Abdel Latif El Dakruri et était âgé de quarante ans. »

Sa déposition terminée, elle la confirma et on la cacheta.

Abdel Latif Abou El Magd, le fils de l'Omda, demanda à ajouter la déposition suivante :

« Le lendemain matin du jour de l'événement, tandis que la fusillade continuait, quatre soldats essayèrent de forcer la porte de mon voisin Hassan Magd, mais ils ne réussirent pas à le faire. Ils entrèrent alors dans une maison voisine et, sautant de cette maison sur le toit, descendirent dans la maison en question, où ils trouvèrent Hassan Magd et sa femme Wagda Bint El Gabi, qui portait son enfant âgé d'un an. Ils fouillèrent la maison et prirent tout l'argent et tous les bijoux qu'ils trouvèrent. Etant voisin, j'entendis forcer les coffres. J'appris aussi par la suite que la femme et le mari avaient été volés tous les deux. Les soldats alors essayèrent de la violer, et lorsque son mari protesta, l'un d'eux tira sur lui et il mourut le jour suivant. Elle se sauva dans une autre chambre, mais les soldats la suivirent et s'emparèrent d'elle, bien qu'elle fût enceinte de neuf mois. Elle pensa qu'en présentant aux soldats son enfant qui était dans ses bras elle réussirait à les apitoyer et qu'elle éviterait ainsi d'être violée, mais tandis qu'elle tendait les bras en présentant son enfant, les soldats brutalement tirèrent sur l'enfant dont l'épaule fut traversée de part en part par une balle. Il n'est pas mort et est encore en traitement chez le barbier du village. Les soldats mirent le feu à la maison dont la moitié fut détruite. Elle vint hier pour faire sa déposition, mais elle fut obligée de se retirer, car elle commençait à ressentir les douleurs de l'enfantement. »

N. B. — Je certifie ici que la femme Wagda, ci-dessus mentionnée, vint hier et m'a rapporté tout ce qu'on lui avait fait. Son témoignage se trouve être conforme à la déposition de Abdel Latif Abou El Magd, témoin précédemment cité. Wagda quitta avant d'être questionnée, parce qu'elle commençait à ressentir les douleurs de l'enfantement, et elle ne vint pas aujourd'hui. Je vis son enfant d'un an dans ses bras et vis la trace de la balle.

(Signé :) I. D. ABAZA, Mamour Zapt de Giza.

Abdel Kader Mohamed Dakrouri, Hassan Saman, Mohammed Mansour, Marzouk El Saman, Abou Saad de Nazlet El Shobak comparurent aujourd'hui et racontèrent de vive voix, mais sans avoir prêté serment, ce qui leur était arrivé. Chacun assurait avoir eu sa maison brûlée et pillée. Comme ceci était le malheur qui était arrivé à tous les habitants du village, je me dis qu'il suffisait de rendre cette note succincte qui fut cachetée par eux.

(Suivent les signatures.)

Procès-verbal terminé le jour mentionné ci-dessus, à une heure quinze de l'après-midi.

PROCES-VERBAL

commencé de nouveau pour y ajouter une pétition remise

par Wafta Bint Obki Abou Saad.

Je joins cette pétition au procès-verbal, de même qu'un certificat médical du docteur Hassanein Bey Hosni. D'après cette pétition, quinze soldats armés pillèrent la maison de la femme Wafta et volèrent ses bijoux et son argent. Son mari était à ce moment absent aux champs, et les soldats lui intimèrent l'ordre à elle et à sa voisine, qui se trouvait par hasard avec elle, de quitter la maison, et pendant ce temps un soldat fit feu sur elles, atteignant Om El Saad, la fille de Wafta, à l'œil gauche. Le certificat médical, livré par la pétitionnaire, constatait que l'enfant avait reçu une balle dans la paupière inférieure de l'œil gauche, près du nez, et que la balle avait été extraite par une opération.

Fin du procès-verbal.

(*Signé:*) I. D. ABAZA, *Mamour Zapt de Giza*

(*Chef de service de sûreté*).

N. B. — Nous avons attaché cette dernière pétition avec le certificat médical et la balle qui avait été extraite, à l'exemplaire original du procès-verbal.

(*Signé:*) *Mamour Zapt, Giza.*

ANNEXE N° 4

Lettre adressée par M. le Président du Tribunal indigène de première instance de Keneh à S. Exc. le Ministre de la Justice, à la date du 17 avril 1919. Sub n° 172, P. 95-1.

A Son Excellence le Ministre de la Justice.

J'ai l'honneur de porter à la connaissance de S. Ex. le Ministre qu'hier il a été publié en ville et à la Moudirieh une proclamation du général commandant les forces britanniques dans la Haute-Egypte, obligeant tous les habitants de saluer chaque officier britannique passant dans la rue, et que tout contrevenant serait passible immédiatement des lois martiales. On ajoute que cet ordre serait de nature à faire régner la bonne entente.

Quand cette proclamation fut connue de MM. les juges du tribunal, les membres du Parquet et des autres fonctionnaires, ceux-ci furent indignés, d'autant plus qu'il était dit que si l'ordre du général commandant les forces britanniques n'était pas respecté, les contrevenants étaient passibles des rigueurs immédiates de la loi martiale.

A cet effet, MM. les juges et membres du Parquet de ce tribunal m'ont présenté une requête que j'envoie ci-inclus, m'annonçant que vu cette situation et dans le but de sauvegarder leur dignité et d'éviter tout malentendu, ils se croient obligés de ne pas quiter leurs maisons, bien que cela doive porter atteinte à leurs intérêts professionnels et à l'intérêt public.

J'ai de suite transmis par câble à Votre Excellence le contenu de la dite requête, ainsi que celle des autres fonctionnaires du Tribunal et du Parquet, qui est conçue dans le même sens. Je me permets de vous adresser ci-incluses les deux requêtes ainsi qu'une copie de la proclamation aux fins d'examiner la situation pour daigner prendre les mesures nécessaires et d'empêcher l'exécution d'une proclamation qui porte atteinte tant à la dignité qu'à la liberté individuele et pour ne pas arrêter plus longtemps la marche des affaires judiciaires.

Veuillez agréer, Excellence, l'assurance de ma meilleure considération.

Le Président du Tribunal indigène de Keneh.

ANNEXE N° 5

Lettre adressée à S. Exc. le Ministre de la Justice par M. le Président du Tribunal indigène de première instance de Keneh le 19 avril 1919. N° 173. P. 12.

A Son Excellence le Ministre de la Justice.

Faisant suite à ma lettre du 17 courant, N° 172, et à ma dépêche de ce jour, j'ai l'honneur de porter à votre connaissance que le jeudi 17 courant j'ai reçu, vers deux heures du soir, une convocation personnelle de S. Exc. le Moudir m'invitant à me trouver vers trois heures dans le cabinet de M. l'Inspecteur du Ministère de l'Intérieur.

Je m'y suis rendu et j'ai rencontré M. l'Inspecteur, qui m'a entretenu au sujet de l'exécution de la proclamation du général commandant les forces britanniques dans la Haute-Egypte. Je lui ai montré le peu de chance d'exécution de la dite proclamation, qui comporte une atteinte à l'amour-propre et à la dignité.

Après une longue discussion, Son Excellence proposa de m'accompagner ainsi que MM. l'Inspecteur des irrigations, le Vice-Président du Tribunal Charis, le Patriarche Copte et quelques notables, pour avoir une entrevue avec le commandant anglais qui se trouvait à Keneh, afin de lui faire comprendre la difficulté de la situation et le prier de se montrer accommodant dans l'application de cette proclamation, en attendant le retour du général commandant les forces britanniques dans la Haute-Egypte auquel on s'adresserait pour le prier de rapporter la dite proclamation.

Je n'ai pu faire autrement que d'accepter cette proposition. Nous nous sommes rendus effectivement au siège des forces britanniques où nous avons rencontré le commandant. Nous lui avons exposé la gravité de la situation et lui avons demandé de surseoir à l'exécution de la proclamation jusqu'au retour du général. Il nous répondit que cela lui était impossible.

Toutefois, après une longue discussion, il a proposé que les officiers anglais devaient commencer par saluer les hauts fonctionnaires et les notables et que ceux-ci devaient rendre le salut. Mais, pour toutes les autres classes de la population la proclamation devait rester en vigueur.

N'ayant pu obtenir aucune autre solution, nous avons dû accepter celle-ci sous réserve de la proposer à nos collègues dont MM. les magistrats et membres du Parquet.

J'ai alors soumis cette solution à ces messieurs, qui l'ont repoussée unanimement. Ils ont répondu que cela était de nature à établir une distinction entre une fraction minime et la grande majorité du peuple, ce qui pourrait être dangereux. Ils ont ajouté qu'ils se considéraient comme partie intégrante du peuple dont ils ne peuvent se séparer et qui est d'ailleurs indivisible. Ils ont ajouté aussi que Hussein Waly Eff. inspecteur d'agriculture à Keneh, qui, en sortant de chez lui, hier matin, avec rencontré une force militaire et qui ne l'avait pas saluée, conformément à la proclamation, avait été conduit sur-le-champ devant le commandant des forces britanniques. Là, interpellé, il déclara être inspecteur au Ministère de l'Agriculture, mais le commandant le contraignit quand même à rendre le salut militaire.

De retour chez lui. Hussein Waly Eff. reçut la visite de plusieurs personnes qui le critiquèrent et le blâmèrent en lui disant: « Est-ce là le patriotisme du frère d'un ministre? »

Mes collègues ont fait savoir que vu cet état de choses, ils ne pouvaient accepter une solution qui départageait le peuple; ils ont continué à s'abstenir de travailler, préférant rester chez eux pour sauvegarder leur dignité.

Ainsi toutes les affaires sont actuellement arrêtées, y compris une grosse affaire criminelle pour laquelle M. le juge Ehmed Nachat Eff, et trois autres membres du Parquet avaient été délégués. Ce matin, les audiences correctionnelles et celles du juge préparateur ont été renvoyées d'office.

J'ai également reçu une communication téléphonique en ce sens du juge du tribunal sommaire d'Esneh m'annonçant que ses audiences étaient également suspendues.

J'ai en conséquence l'honneur de vous prier de vouloir bien intervenir dans le but d'une solution satisfaisante.

Le Président du Tribunal indigène de Keneh.

ANNEXE N° 6^A

*Quelques faits isolés relevés dans les livres de police du district
de Waily.*

Le 8 avril 1919.

N° 53. — A 7 heures du soir, plusieurs coups de feu ont été tirés
à El-Abassieh.

Le 9 avril 1919.

N° 3. — A minuit, à Manchiet El-Sadr, le nommé Mohammed
Dakroury, d'Ezbet-el-Soudanieh, a été atteint d'une balle et est mort.

A 10 heures du soir, Mohamed Saliman, boulanger, a été atteint
par les soldats anglais; El-Hag Mohammed-El-Araby a été battu violemment et sans raisons par les soldats et son état est grave.

N° 14. — Angélo Stamboulo, sujet Grec, marchand d'eau ga-
zeuse, a été volé, vers 9 heures du soir, d'une partie de sa marchandise, qui a été enlevée de force.

N° 23. — 1° Le général Mabrouk Pacha;

2° Le docteur Abas Waguih bey;

3° Ces trois personnes ont été attaquées et fouillées par vingt-cinq
soldats anglais. Vers 8 heures du soir, à leur retour d'Héliopolis,
ont été arrêtées par huit soldats qui, après les avoir fouillés, leur ont en-

levé un millier de francs, plus une chaîne de montre appartenant au premier, d'une valeur de 300 francs, plus une chaîne et une montre d'une valeur de 400 francs, plus leurs portefeuilles et leurs cannes. Le tout sous menaces ;

4° On s'est attaqué à la maison de S. Exc. Ismail Mokhtar Pacha. On y a tiré des coups de feu ;

5° Mohamed Tewfik Fahmy Bey a été attaqué par des coups de feu et n'a pu gagner son domicile que le lendemain ;

6° Mohamed Khalifa a été attaqué et, sous la menace armée, on lui a enlevé environ 12.000 francs ;

7° Ahmed Aboul Séoud, jardinier, a été volé de 600 francs ;

8° Makaoury Mowen a été volé de 60 francs. Il a été d'ailleurs blessé et est à l'Assistance publique ;

9° Ahmed Aly Zahran, infirmier à l'hôpital des aliénés, a été volé de P. T. 170 (46 francs), de sa chaîne de montre d'une valeur de P. T. 350 et de son tarbouche ;

10° Ahmed Mahmoud Chaldam, tailleur à Abassieh, a été pillé de P. T. 125 (33 francs) ;

11° Sayed Ahmed Hassan a été volé de P. T. 80 (24 francs) ;

12° Abdou Mohamed Raslan, commerçant. Les soldats anglais se sont attaqués à sa maison où ils ont emporté L. E. 9 (234 francs) en banknotes et L. E. 14 (364 francs) en bijoux ;

13° Abdel Hamid Ahmed, menuisier, a été battu et volé de sa chaîne et de sa montre d'une valeur de L. E. 13 (338 francs) ;

14° Aly Mohamed El-Sabban, coiffeur à Abbassieh. Son magasin a été détruit et pillé. Ce qui a été volé est d'une valeur de L. E. 12 (312 francs) et la glace de sa devanture d'une valeur de L. E. 15 (390 francs) a été cassée ;

15° Mohamed Hassan, crémier, a été volé de L. E. 15 (390 francs) ;

16° Ibrahim Ahmed Abdou a été volé de L. E. 15 (390 francs) en bijoux ;

17° Mohamed Ibrahim a été volé de P. T. (350 francs) ;

18° Mohamed Issa, habitant Haret Chihata, a été volé de P. T. 15 (4 francs) ;

19° Amin Sadik a été volé de P. T. 12 ;

20° Bassan Mohamed Idris, volé de son pardessus d'une valeur de P. T. 22 ;

21° Mohamed Salem, d'El-Abbasieh El-Kiblieh, a été volé de sa chaîne de montre d'une valeur de P. T. 150, ainsi que de la somme de P. T. 344 ;

22° David Idris a été volé dans sa maison de bijoux valant L. E. 14 ;

23° Zaki Fahmy, peintre, a été volé de sa bicyclette valant L. St. 12 et de son pardessus, plus P. T. 25 en espèces ;

24° Abdel Rahman El-Magdy, volé de P. T. 45 ;

25° Mohamed Khairy, receveur au tramway, a été volé de P. T. 220 en espèces et de sa chaîne de montre d'une valeur de P. T. 135 ;

26° Mohamed Ahmed Goneim a été blessé et volé de P. T. 300 en espèces et d'une montre d'une valeur de P. T. 150 ;

27° Tewfik Aly, marchand de fruits, a vu son magasin détérioré et ses marchandises valant 680 P. T. ont été volées ;

28° Mohamed Wasfy Bey, retraité du gouvernement, habitant le numéro 14, a été attaqué la nuit du 9 par des coups de feu. Il a été battu et on lui a enlevé par force L. E. 49 en espèces, sa montre et ses bagues d'une valeur de L. E. 30.

Tous ces faits sont survenus le 8 avril 1919, entre 7 heures du soir et la matinée du lendemain.

ANNEXE N° 6ᴮ

Requête adressée à Son Altesse le Sultan d'Egypte.

Les soussignés, habitants du district de Waily (Abbassieh), ont respectueusement l'honneur de soumettre à Votre Altesse les faits dont ils ont été victimes la nuit dernière.

Hier soir, vers 7 heures, des soldats anglais ont tiré des coups de feu sur les paisibles paysans de la rue Abbasieh, soit à pied, soit en voitures ou automobiles, sur des femmes, hommes, enfants et même des soldats égyptiens, dans le seul but de leur piller tout ce qu'ils portent sur eux en argent et bijoux.

Non satisfaits de cela, ils se sont attaqués aux maisons qu'ils forcèrent pour piller. Ces actes de pillage dirigés contre une population dépourvue d'armes est inqualifiable.

Les fonctionnaires anglais de la police ont dépassé les limites en donnant des ordres à leurs subordonnés de ne venir en aide en aucune façon aux agents du commissariat de police de Waily pour maintenir l'ordre. De sorte qu'il y a eu plusieurs victimes pillées, blessées et mortes, dont voici les noms et détails de quelques-unes :

1° Le général Mabrouk Fahmy Pacha, qui a été attaqué dans sa voiture, battu et pillé de tout ce qu'il portait sur lui en argent et en bijoux,

2° Le docteur Khalil Ragui Bey, idem ;

3° Le docteur Almaoui Bey, idem ;

4° M. Abbas Radi Bey, idem ;

5° Le colonel Ahmed Wasfi Bey, auquel on a enlevé par la force son porte-monnaie contenant 1,300 francs;

6° Une des princesses de la famille sultanienne a été attaquée par des coups de feu;

7°La maison de feu Hussein Tourque, sise derrière la Porte d'Abbassieh, a été attaquée et, grâce aux coups de fusils, ils ont pu s'emparer des bijoux et argent, évalués à 20,000 francs;

8° La maison de feu Mohamed Aly Raslan a été également attaquée et pillée.

9° Le magasin de Mohamed Ibrahim Said El-Tabbakh a été saccagé et pillé;

10° Le sieur Mohamed Salem a été attaqué sur la voie publique et volé de tout ce qu'il avait en argent et bijoux;

11° Le nommé Ahmed Zahran a subi le même sort; après être battu et atteint à l'œil droit;

12° Dans la maison de Mahmoud Nadim Eff., fonctionnaire du gouvernement du Soudan, on a tiré des coups de feu;

13° D'autres coups de feu ont été également tirés dans la maison du sieur Aly Abdel Rahman, à Haret Chekata Youssi;

14° L'immeuble du général Ismail Pacha Mouktar a été également atteint par les balles qui en ont brisé quelques vitres;

15° L'immeuble d'El Meallem Mohamed Hassan, idem;

16° Le café d'Ahmed Ibrahim Youssef, idem;

17° L'immeuble de la dame El-Hagga-Zenab, à Souk-El-Abbasieh, a été atteint par les balles, et les dames y habitant sont dans un grave état;

18° Près de douze soldats anglais se sont réunis devant la maison de E. Exc. Ibrahim Pacha Fathy, ex-ministre, et ont tiré des coups de feu;

19° Le bureau de poste a été attaqué; des coups de feu ont été tirés et des fenêtres furent brisées.

La nomenclature qui précède n'est en réalité qu'une infime partie des faits qui se sont passés. Ce désordre, causé par les soldats anglais et leurs officiers, a duré jusqu'à onze heures du soir.

Comme les habitants ne trouvent pas actuellement un gouvernement régulier auquel ils peuvent adresser leurs plaintes, ils se sont permis de s'adresser à Votre Altesse, car ils sont menacés à tout moment par la soldatesque anglaise ayant à leur tête les officiers dont quelques-uns de ceux d'hier peuvent être reconnus par nous.

C'est pourquoi:

Nous présentons respectueusement la présente plainte à Votre Altesse, la suppliant de vouloir bien donner les instructions nécessaires pour maintenir l'ordre et la tranquillité et mettre fin à cette anarchie soldatesque. Et nous protestons également contre toutes les atrocités, sans pareilles dans l'histoire des peuples, commises dans tous les coins d'Egypte par les soldats anglais.

Nous prions Votre Altesse de faire réaliser nos aspirations et celles de tout le peuple égyptien tendant à l'indépendance complète et sáns restrictions ni réserves.

Nous prions Dieu de vous accorder longue et heureuse vie.

Abbamieh, le 9 avril 1919.

(Suivent les signatures.)

ANNEXE N° 6^C

Plainte des habitants de Matariah en date du 30 avril.

Je soussigné Mahmoud Sabry, habitant du village du Helmiah, dépendant de celui de Matarieh, du Caire, propriétaire, déclare ce qui suit :

« Le mardi 29 avril 1919, à six heures du matin, j'ai entendu frapper violemment à ma porte, je l'ai immédiatement ouverte, un officier anglais suivi de trois officiers hindous et de trente soldats armés sont entrés dans la maison ; un interprète arménien nous ordonna de quitter la maison immédiatement et d'ouvrir toutes les armoires. J'ai obéi, j'ai ouvert les armoires de la maison et je suis sorti. Un détachement de soldats indiens reçut l'ordre de nous emmener ; nous les avons accompagnés jusqu'au boulevard Abbas. Là on sépara les femmes, qui furent entourées par des soldats armés ; quant à nous, les hommes, nous fûmes conduits dans un champ cultivé en coton et nous fûmes entourés par des soldats armés, et nous sommes restés ainsi jusqu'à 1 heure p. m., sans nourriture, pieds nus et presque sans vêtements, et il en fut de même pour nos femmes. A ce moment, un inspecteur de police accompagné du commissaire du district du Matarieh, de quelques gardiens et de trois ou quatre soldats égyptiens, ordonna d'appeler quelques personnes parmi celles qui étaient arrêtées ; ces personnes, entourées d'un détachement de soldats armés, ont été conduites au poste de police ; l'officier du poste nous dit qu'il était de notre devoir de respecter les Anglais et notamment leurs officiers. Puis il nous ordonna de nous en aller ; il avait déjà donné l'ordre aux femmes de retourner dans leurs maisons.

« Arrivé chez moi, la maîtresse de maison m'a informé que les soldats qui ont perquisitionné, ou plutôt les soldats qui ont pillé et volé, ont pris tout ce qui se trouvait dans la maison; j'ai alors examiné l'armoire où se trouvaient tous mes effets particuliers, que j'ai trouvés au milieu de la chambre; 150 livres en banknotes de 1 livre chacune avaient disparu; il en était de même des bracelets et des colliers en or d'une vaeur de 150 livres, et cela outre des objets anciens; mes vêtements et ceux des femmes de la maison. La plupart des poules avaient été volées, le pain avait été mangé et remplacé par des matières fécales; en un mot, nous étions dans la nudité la plus complète, sans vêtements, sans nourriture, et nous dûmes passer la nuit sans manger. Nous avons adressé notre plainte au district de police et on nous ordonna de dresser une liste de ce qui avait été pillé; nous l'avions remise à un officier de service.

« En réfléchissant, j'ai trouvé qu'il valait mieux m'adresser à la délégation présidée par Saad Zagloul Pacha et qui est composée de l'élite de la nation pour porter à sa connaissance les horreurs commises par les Anglais contre moi et contre les habitants de mon village afin que par leur intermédiaire nous puissions faire parvenir ces horreurs jusqu'au gouvernement anglais. Les habitants de Matarieh viendront tous confirmer ces plaintes et raconteront le pillage et le vol dont ils ont été les victimes.

« Je supplie la délégation de prendre la chose en considération, de crainte que nos compatriotes Egyptiens ne soient les victimes de pareils agissements dans l'avenir et pour y mettre un terme. Il nous est devenu impossible d'habiter la localité; notre vie, nos biens et notre honneur sont exposés à des atteintes graves sans aucune justification légale et sans que nous ayons commis aucun crime. L'Injustice est à son comble! »

(Signé:) MAHMOUD SABRY.

ANNEXE N° 7ᴬ

EXTRAITS DES REGISTRES DE POLICE

DE CHOUBRA.

Rapport N° 57, journée du 17 avril 1919.

Le poste de police du Pont de Choubra nous a avisés par téléphone qu'un nommé El Sayed Hussein Khalil, scieur de bois au hameau Ibrahim Bey Selim, l'avait informé que sa femme, fille de Mahomed Hanafi, était sortie faire un tour, comme d'habitude, aux environs. A la vue des soldats anglais elle se précipita vers la maison; une fois arrivée, elle ferma la porte et, avec l'aide de son mari, tâcha de se barricader derrière la porte, mais les soldats recoururent à leurs fusils et l'atteignirent mortellement en la visant à travers les interstices de la porte.

ANNEXE N° 7^B

Communication Sub N° 2, faite par M. le Mamour (commissaire de
police) du district de Choubra (Caire) à son chef l'adjoint au
commandant de police du Caire, Section 1.
Le dit Mamour est actuellement traduit devant un conseil de disci-
pline pour s'être permis de faire à son chef de telles communica-
tions par la voie officielle.

L'agent de police Abdel Rahman Halim el Tawaf N° 4 nous
a avisés qu'une fraction de soldats anglais est en train de tirer des coups
de feu sur l'Ezbeh (petit village) de Bilal Al Abid Kism de Choubra. Ces soldats ont mis le feu au dit village, mais les villageois ont
éteint l'incendie.

Au même moment, le nommé Mohamed Eff. Lamy, commis-
saire à la gare du Caire, et qui habite au dit Ezbeh Belal, nous a avisés également qu'à deux heures du matin, et pendant qu'on tirait sur
le village, quinze soldats anglais ont fracturé les portes de sa maison,
y sont entrés, l'ont menacé et se sont emparés de L. E. 240 en espèces
et de tous les bijoux de sa belle-mère, la nommée Om Amine.

Nous avons été également avisés que le nommé Afifi Mohamed,
cocher de fiacre, habitant le même village, a été atteint d'un coup de
feu à l'épaule et est agonisant.

En outre, le nommé Ibrahim Khalil, cocher, habitant Ezbet el
Kharboutly, s'est présenté au Kism, portant au pied droit plusieurs

blessures provenant de coups de fusil tirés sur lui par les soldats anglais au moment de son passage au village de Belal Al Abid.

A l'instant même s'est présenté un soldat de l'armée égyptienne demandant l'assistance pour le transport de 65 blessés du dit village.

Mais, avant ce dernier, le Gafir (gardien) du village Belal s'est présenté pour nous aviser qu'entre dix et onze heures du soir une cinquantaine de soldats anglais armés de fusils et mitrailleuses ont tiré sur le village. Après quoi ils sont entrés dans les maisons et violaient les femmes après s'être emparés des bijoux. Ils se sont également attaqués aux magasins et les ont pillés. Ils sont actuellement à côté de la ligne du chemin de fer en train de tirer sur le village.

Nous vous prions en conséquence de prendre les mesures nécessaires.

Le Mamour du District de Choubra.

ANNEXE N° 8

MEMORANDUM.

Relatif à des cas particuliers dans le district de Boulac.

I. — Affaire criminelle, N° 387, année 1919, du quartier El-Kallayad, inscrite sur les livres du district sub N° 8, le 14 mars 1919, à trois heures quinze du matin.

La victime, qui n'a pu être identifiée que plus tard, s'appelait Zeinab Bent Mohamed Aly, du quartier El-Edouieh, district de Boulac, et est âgée de 10 ans. Son corps a été trouvé dans la nuit à côté des habitations. L'autopsie a révélé que la victime avait été violée et qu'elle était morte des suites de ce viol. Le rapport médical qualifie ce crime d' « abominable sauvagerie ».

L'enquête a démontré que certains villageois ont vu des soldats anglais commettre ce crime, mais qu'ils n'ont pu ni intervenir, ni avertir la police, soit par peur, soit qu'ils ne connaissaient ni la victime, ni les agresseurs.

Les procès-verbaux d'enquête ont été transmis au Parquet général.

II. — Il est inscrit sur les livres du district sub N° 85, le 18 mars 1919, à 9 heures 50 du soir, que le gardien de nuit de la rue Boulac, dénommé Aly Rifai, a transmis au district que près de 300 soldats anglais armés de cannes et de hâches ont passé par la rue de Boulac et ont détruit quatre magasins, dont un café, un bureau de tabac et deux magasins de manufactures.

Les dégâts ont été évalués à L. E. 500 (14,000 francs).

ANNEXE N° 9

RAPPORT

présenté à la Commission centrale de la Délégation Egyptienne

au Caire, sur les actes des soldats anglais au village de El-Chabanat.

Le rapport que je soumets à l'honorable Commission relate des faits que j'ai vus de mes propres yeux et auxquels j'ai pris part moi-même. Je serai absolument sincère et je ne dirai que l'exacte vérité.

Le 25 mars 1919, à dix heures et demie, arriva un groupe de soldats britanniques qui entoura la maison du maire de notre village El-Chabanat (dépendant du district de Zagazig, Moudirieh d'El-Charkieh). Le maire me fit appeler pour servir d'interprète entre les deux parties vu que j'étais la seule personne du village connaissant la langue anglaise.

Il existe une propriété privée dépendant de notre village et située derrière la ligne du chemin de fer; comme on avait interdit par ordre militaire aux habitants de traverser la ligne de chemin de fer après sept heures du soir, l'officier anglais demanda au maire que je l'accompagnasse pour recevoir les ordres de leur chef (un colonel) concernant les propriétaires de ce terrain. Le maire voulut que j'y allasse afin de m'expliquer avec le colonel dont le quartier-général était à la station d'Aboul-Akhdar.

Quand je fus arrivé, les soldats armés m'entourèrent et me gardèrent à vue. Le colonel alors m'informa qu'à deux heures de l'aprèsmidi du 24 mars 1919, un des soldats indous (Gourkas) qui gardait le chemin de fer du côté de notre village fut tué, mais ils n'ont pu trouver son cadavre; puis il me prévint qu'on brûlerait le village si on ne leur livrait pas le meurtrier. Sur ces entrefaites, les soldats établirent le cordon autour du village et l'on donna à tous les habitants, grands et petits, l'ordre de sortir. Les soldats sans pitié les poussèrent devant eux à la baïonnette; ils n'eurent même aucun égard pour les femmes et les enfants. Parmi les cruels spectacles auxquels j'ai assisté, je citerai le cas d'une femme qui était en couches et qui fut expulsée violemment toutes les fois qu'elle essayait de s'asseoir, tenaillée qu'elle était par les douleurs; les soldats la piquaient avec la pointe de la baïonnette. Le résultat de cet acte de sauvagerie fut que la pauvre femme mourut peu après.

Quand tous les habitants furent sortis, les hommes furent séparés d'avec les femmes et l'on braqua une mitrailleuse derrière les hommes après les avoir fait asseoir à terre. L'officier demanda alors au maire de faire venir les propriétaires du terrain dans lequel le crime fut commis. Après les avoir questionnés, il apparut qu'aucun d'eux n'était au champ ce jour-là, car, cultivé en blé et en fèves, leur présence n'y était pas nécessaire.

L'officier alors informa le maire du crime qui aurait été commis dans la propriété de ces gens et lui ordonna d'amener immédiatement le meurtrier, sinon il mettrait le feu au village. Le maire répondit à l'officier qu'il n'était nullement au courant du crime: si le criminel était au village, il l'aurait su. Il lui demanda donc un délai d'un jour pour faire des recherches dans les villages voisins; l'officier refusa. Enfin il lui demanda un délai de dix minutes; il persista dans son refus. Ils étaient décidés à fusiller cinquante habitants du village; alors ils séparèrent les enfants et les mirent avec les femmes. A deux heures et demie, l'officier donna l'ordre de brûler le village et nous prévint que celui qui se mettrait debout serait fusillé. Nous vîmes les soldats défoncer les portes des maisons, y pénétrer et y prendre tout ce qui leur tombait sous la main en fait d'objets pesant peu, mais valant gros; puis ils faisaient leur œuvre incendiaire. Pendant ce temps, nous ne pouvions faire aucun mouvement et nous étions impuissants à faire n'importe quoi pour sauver nos demeures, nos biens et nos ressources.

Quand ils brûlèrent le village, ils l'abandonnèrent et se retirèrent sournoisement dans les champs; de plus, il fut interdit aux habitants des villages voisins de nous secourir.

Après le départ des soldats, nous nous efforçâmes de maîtriser le feu, mais inutilement, car dans la plupart des maisons le feu n'avait rien laissé. Plus de 4,000 personnes passèrent cette nuit-là dehors, couchant dans la poussière. Ce spectacle faisait monter les larmes aux yeux.

Tel fut le sort de notre village. Voilà ce que les soldats britanniques ont fait de nous. Du reste, cela ne leur suffit pas, car ils eurent l'intention de brûler trois autres villages pour venger le meurtre d'un seul soldat hindou.

Telle est la relation d'une des nombreuses agressions de la juste Angleterre et de ses soldats contre les Egyptiens, contre un peuple qui n'a commis d'autre crime que de revendiquer des droits sacrés que ne leur refuserait aucune justice ici-bas.

J'écris cette relation pour enregistrer l'infamie de la nation qui nous oppressa durant de longues années, et je vous l'adresse pour la joindre aux preuves et arguments montrant la légitimité de notre cause et pour que ce soit une arme au moyen de laquelle vous défendrez les Egyptiens dans votre sainte Croisade.

(*Signé :*) RAGHEB-BICHAI.

Habitant d'El-Chabanat.

ANNEXE N° 10

Copie d'un rapport présenté par S. Exc. le Moudir de Charkieh

à M. le Conseiller de l'Intérieur le 8 avril 1919.

MONSIEUR LE CONSEILLER,

J'ai l'honneur de porter à votre connaissance les faits survenus à ma Moudirieh entre le 24 mars et le 7 avril courant, pour faire suite à mes deux rapports précédemment envoyés le 23 mars 1919.

A Zagazig.

Le 23 mars 1919, le Mamour nous a informés que l'Omdeh de Wakkhas lui a communiqué qu'une division de l'armée anglaise a tiré sans aucune raison des coups de feu au moment de son passage à son village le 23 mars en revenant du village dit El-Korachy. Le nommé Abdel Hafez Mohamed a été atteint dans son champ, situé loin de la ligne du chemin de fer. Il n'y avait cependant à ce village aucun trouble ni attentat de la part des villageois.

L'enquête a démontré qu'effectivement cette armée a tiré des coups de feu sur ce village et que le susnommé a été atteint.

Le même Mamour nous a également informés que l'Omdeh du village lui a communiqué qu'une force de l'armée britannique est arrivée à son village et a tiré des coups de feu sur les villageois. Le nommé Ibrahim Abdel Zaff a été tué et un autre a été atteint de blessures graves.

L'Omdeh de Chabanat a également informé le dit Mamour qu'une force australienne de 400 cavaliers et l'infanterie a cerné son village. Après avoir sommé les habitants de se retirer, ils ont tiré des coups de feu sur le village, qui a été brûlé ; toutes les maisons ont été entièrement brûlées ainsi que les bois, céréales, meubles et bestiaux.

L'enquête a démontré que cette force a rencontré le corps d'un soldat indien, tué près du pont d'Abou-El-Akhdar, avoisinant au sus-dit village. Le commandant de la dite force a demandé à l'Omdeh de lui indiquer le coupable. Comme ce dernier n'a pu le faire, il a été sommé de faire venir de suite les habitants. Une fois les habitants sor-tis, une faction de cette force est rentrée dans les dites habitations et y a mis le feu. Les dégâts ont été évalués à L. E. 18.700, outre le coût des constructions.

La nuit du 4 avril 1919, une force de l'armée anglaise est ren-trée dans le village Koufour Nigme. Les soldats ont tiré des coups de feu sur le nommé Bendary Norsy Salama, qui a été atteint.

L'enquête a prouvé que cette force voulait faire réparer par les villageois la ligne de chemin de fer du Delta, mais les villageois, pris de peur, s'enfuirent.

Le Mamour relate dans son rapport que ce fait s'est déjà répété plusieurs fois au dit village, Koufour Nigme, que les soldats anglais tirèrent des coups de feu sur les villageois sans que ceux-ci aient fait quoi que ce soit de nature à troubler l'ordre.

(Signé:) LE MOUDIR DE CHARKIEH.

ANNEXE N° 11ᴬ

RAPPORT PRESENTE PAR LA DELEGATION

DES NOTABLES DE BEHERA

L'incident de Saft-el-Melouk survenu dans la nuit du samedi 12
au dimanche 13 avril 1919.

Le 13 avril 1919, à minuit, les soldats britanniques ont encerclé les habitations du village de Kafr Messaed (à cinq kilomètres de la gare de Saft-el-Melouk) et ont donné l'ordre aux habitants de quitter leurs maisons et de se présenter devant la patrouille anglaise chargée de veiller à la garde de la voie ferrée pendant la nuit, afin de permettre aux hommes de cette patrouille de reconnaître parmi les villageois ceux qui avaient tiré des coups de feu. Après avoir perquisitionné dans toutes les maisons, fouillé tous les greniers, tué l'un des habitants, Youssef Mabrouk, les soldats britanniques ont emmené pour une destination inconnue tous les habitants mâles du village sans exception.

La même nuit, à trois heures du matin, le village de Choubra el Charkich (dépendant des Wakfs Sultaniens et situé à deux kilomètres de Kafr Messael) a subi le même sort.

A six heures du matin, le village de Kafr el Hagueh et les fermes qui l'entourent (ce village est à trois kilomètres de la voie ferrée) ont été encerclés. Les villageois qui travaillaient dans les champs furent forcés de réintégrer leur domicile au milieu d'une fusillade nourrie.

Les maisons ont été perquisitionnées et les habitants mâles amenés à la gare de Saft El Melouk. Toute cette foule rassemblée sur le quai des marchandises et entourée de soldats anglais baïonnettes au canon. Les femmes et les enfants avaient suivi leurs parents en poussant des cris et des hurlements ; ils stationnaient au loin, n'osant s'approcher du rassemblement.

L'un des notables de Kafer et Hagueh, l'avocat Mohamed Tewfik Omran Eff. et Guirguis Boulos Eff., notable de Kafr Messaed, arrivèrent sur ces entrefaites.

Après avoir tranquillisé les femmes et les enfants qu'ils avaient éloignés, ils essayèrent d'approcher de l'un des officiers. Ne pouvant y parvenir, ils quittèrent le quai à la recherche d'un interprète. Là ils rencontrèrent en face du bureau de poste Moustapha Cheurbagui Eff. En retournant à la gare, ils aperçurent des officiers qui s'apprêtaient à monter dans une automobile militaire. Tewfik Omran Eff. reconnut parmi eux, à ses insignes, un officier du grade de général. On le pria de s'arrêter et, en présence de Mohamed Bey Amin el Behay (membre de Teh el Baroud, au Conseil provincial de Behera), Guirguis Boulous Eff., Moustapha Omran (Omdah de Kafr et Hagueh), on lui expliqua que tous ces hommes étaient arrêtés injustement, étant donné qu'ils habitent à l'est de la voie ferrée, alors que les prétendus coups de feu auraient été tirés du côté ouest de la voie. Dans tous les cas, on demandait au général de faire procéder à une enquête pour rechercher les auteurs du crime que l'on imputait aux habitants de la région, tout en lui assurant que ces auteurs ne pouvaient être que des gens de la plus basse classe ayant l'habitude de commettre de pareils crimes. Tout fut inutile. Le général demanda la comparution des auteurs ou l'exécution immédiate de ses ordres.

Le général et l'officier qui l'accompagnait sont montés ensuite en automobile et sont partis.

Ayant appris la présence de M. Hild (inspecteur du Ministère de l'Agriculture) sur le quai avec les officiers, nous avons voulu le voir pour lui demander d'intervenir afin d'empêcher que les notables et les étudiants ne soient flagellés. Il refusa de nous entendre. C'est alors que se produisit un vacarme assourdissant dominé par les cris des hommes, les hurlements et les pleurs des femmes et des enfants, qui voyaient de l'autre côté du canal avoisinant la gare torturer leurs parents.

TORTURES ET PILLAGE.

Version des habitants.

On amenait chaque homme et on lui demandait s'il pouvait indiquer l'existence d'armes ou s'il avait des renseignements sur ceux qui avaient tiré sur la patrouille anglaise; sur la réponse négative, on lui tendait une petite carte en lui donnant l'ordre de se rendre au petit kiosque situé sur le quai. Arrivé là, il était pris par les soldats, qui le déshabillaient après l'avoir dépouillé de son argent. Dès qu'il était mis à nu, on faisait sortir sa tête du guichet; quatre soldats le maintenaient du dehors pendant que quatre groupes de trois soldats chacun maintenaient les pieds et les mains en soulevant le corps. Deux soldats armés de fouets le flagellaient impitoyablement sans s'inquiéter où pouvaient tomber les coups. Une fois battu, on le jetait hors du kiosque et les autres soldats le recevaient à coups de poings et de pieds. Quelques-uns des habitants se sont évanouis de douleur pendant que d'autres vomissaient le sang. Il n'y avait point de médecin pour donner des soins aux blessés et empêcher de torturer les malades.

SITUATION SOCIALE DE QUELQUES-UNS

DES TORTURÉS.

Les Anglais n'ont pas respecté l'âge; ainsi ils ont torturé des hommes âgés de plus de 50 ans: Cheikh Moh. Seliman Sabrah. Hag Moh. Omran, Hag Marii Hussein.

Ils n'ont pas respecté les ministres du culte; ils ont torturé: Cheikh Abd el Fattah Marii, l'un des Ulémas de l'Azhar, Cheikh Moh. Soliman Sabrah, imam de la mosquée d'Ezbet Omran.

Ils n'ont pas eu pitié des étudiants, car ils ont torturé : Cheikh Abdel Samad Baracat. étudiant à l'école des Cadis, et Bassili Guirguis Eff., étudiant à l'école d'agriculture de Damanhour.

Ils n'ont eu aucun égard pour les fonctionnaires : ils ont fouetté Cheikh Moh. Soliman Mazoun, de Kafr el Hagueh, et Abdel Maassoud Kerim, Gafir du gouvernement.

Ils n'ont pas fait d'exception pour les notables et les négociants, puisque Ghali Guihuis Eff., Naguib Wassef Eff., Hag Mah Omran et El Cheikh Ahmed Omran ont eu le même sort que les autres.

DESCRIPTION DE QUELQUES BLESSURES.

Le rapport médical et les photographies annexées au présent rapport s'appliquent à ceux qui sont venus se plaindre au Caire. Ils indiquent assez que les coups ont porté sur le dos, le ventre, la tête, la figure, etc. Ceux qui n'ont pu venir — et ils sont nombreux : plus de 500 hommes ont été torturés ! — étaient pour la majeure partie dans un état très grave. Nous ignorons si on a pu les sauver, les moyens de communication étant devenus difficiles depuis l'institution des permis.

PREUVE DE L'INNOCENCE DE CES VILLAGEOIS.

La preuve flagrante que ces gens sont innocents découle du fait que les soldats anglais avaient fouillé leurs maisons une semaine auparavant sans rien découvrir de suspect et les avaient fouillés eux-mêmes le jour de l'incident. Aucune arme n'a été trouvée chez eux. Leur seul crime est qu'ils habitaient les villages situés à l'est du chemin de fer, alors que l'on soutient, d'autre part, que les coups auraient été tirés à l'ouest de la voie ferrée. Il est à noter que cette voie est entourée de deux larges canaux.

IMPOSSIBILITE OU SE TROUVENT LES HABITANTS DE CONNAITRE LES AUTEURS DES COUPS DE FEU.

Les ordres des autorités militaires exigent formellement que les habitants ne quittent pas leurs maisons après sept heures du soir. Comme ils exigent, d'autre part, qu'aucun habitant ne s'approche de la voie ferrée, les villageois sont donc dans l'impossibilité de savoir qui a tiré sur la patrouille chargée de veiller sur cette voie. Il est inadmissible que l'un d'eux ait tiré ces coups de feu, alors qu'il savait bien que son acte entraînerait l'incendie de son village, conformément aux ordres de l'autorité militaire.

EFFETS DE PAREILS ACTES.

Il est admis que l'absence de toute instruction avant le jugement excite le courroux. Il est établi que les injustices flagrantes poussent au crime. Il est certain que de pareils actes portent atteinte à l'autorité morale des notables, car ils prouvent leur impossibilité à empêcher l'injustice. Personne ne voudra plus écouter leurs conseils, et ce sera alors l'anarchie, d'autant que le pays est en ce moment fort troublé et que les habitants sont forcés de se défendre. Seule l'autorité morale des notables aurait pu avoir quelque efficacité.

INSECURITE DE LA VIE.

Les habitants torturés disent que les Anglais les ont menacés de les tuer au premier incident. Qui sait ce que demain nous réserve, d'autant plus que nous sommes tous liés par les ordres de l'autorité militaire.

Les habitants ont émigré, quittant leurs maisons et abandonnant leurs champs, surtout depuis qu'il a été ordonné d'arracher les cultures bordant la voie ferrée des deux côtés. Ils ne peuvent que crier: *Pitié! Pitié! Justice! Justice!*

N. B. — Ci-inclus des photographies de quelques-uns des habitants torturés et un rapport médical dressé par les médecins qui les ont examinés, savoir: les docteurs Eugène Pupier, ex-médecin de l'hôpital français du Caire; Mahmoud Maher Bay, médecin légiste aux tribunaux; Mahgoub Sabet Bey, professeur de médecine légale à l'Université égyptienne et expert près la Cour d'appel.

Ont signé: GERGIS BOULOS, ABDEL KADER EL SABBAHI, MOHAMMED ABOUL MAGD, HASSAN AMMAR, MOHAMMED TEWFIK, OMRAN BARAKAT.

RAPPORT MEDICAL.

Nous soussignés Mahgoub Sabet Bey, Mahmoud Maher Bey, Pupier Eugène, docteurs en médecine, avons examiné, à la demande de MM. Tewfik Omran et Hassan Ammar, un groupe de dix-huit personnes du sexe masculin, d'âges variés de 15 à 55 ans, portant sur le corps des blessures suites de coups reçus le 13 avril 1919.

Ces personnes ont été soumises à notre examen les 16 et 17 avril.

Les blessures, ecchymoses multiples, eschares cutanées, avec sillons d'élimination plus ou moins profonds, ont dû être produites par des coups de fouets en lanières de cuir tel qu'on en voit en usage en Egypte, fouets composés d'une partie rigide formant poignée et se continuant en une partie effilée flexible plus ou moins longue.

D'autres blessures représentant en outre des contusions faites à la face (région orbitaire, par exemple) par un instrument contondant tel que le poing; d'autres enfin, des coups portés sur le crâne et sur d'autres parties du corps.

Les lanières de cuir de forme cylindro-conique, longues au minimum de 30 centimètres dans leur partie flexible, étaient en nombre varié et non toutes semblables; en moyenne elles devaient mesurer de 7 à 8 millimètres de diamètre maximum à 3 ou 4 millimètres dans leur portion la plus effilée.

Certaines portaient des nœuds à 13 ou 15 centimètres de l'extrémité; d'autres étaient divisées sur une partie de leur longueur en deux filaments. Les nœuds ont donné sur la peau des empreintes soit circulaires, soit plus souvent éliptiques mesurant dans leur plus grand diamètre jusqu'à deux centimètres et plus.

Le nombre de coups donnés a varié de 15 à 25; la grande majorité des patients, à part deux ou trois présentent les stigmates d'une vingtaine de coups au moins.

Les coups ont dû être appliqués sur le dos, les victimes ayant le torse nu jusqu'à la ceinture, les cicatrices sanglantes observées sur les parties latérales et antérieures du tronc ayant été causées suivant la plus ou moins grande longueur de la lanière et de la façon dont elle était maniée.

'Il n'est pas impossible que quelques blessures notées sur la face antérieure du torse aient été causées par des coups directs, surtout si le patient se débattait.

La direction des coups est des plus variables, oblique, en ceinture, en sautoir, les plus nombreux ayant porté sur le dos, les épaules ou la face antérieure du torse, entre les mamelons et l'ombilic. Il est probable, en raison du croisement des traces de lanière, qu'un même sujet a pu être flagellé à la fois par deux fouets, tenus l'un à la droite, l'autre à la gauche.

Les coups, sauf sur deux sujets, ont été portés avec vigueur et la plupart des sujets se sont présentés à nous avec des plaies à vif, au niveau des eschares cutanées causées par les nœuds et surtout par les fines lanières de 3 à 4 millimètres, surtout aussi sur la partie antérieure du tronc, et cela quatre jours après flagellation.

Les blessures reçues ne présentent aucun caractère les différenciant de celles produites après flagellation. Celles du dos se cicatriseront, sauf complication suppurative, en trois semaines environ, avec des cicatrices plus ou moins indélébiles.

Nous croyons devoir faire les plus expresses réserves sur l'évolution des blessures par coups de fouet, coups de poing et autres reçus à la partie antérieure du tronc, dans la région non protégée par le sternum et par le gril costal, c'est-à-dire dans les régions sus-ombilicales, épigastre, hypothondres, en raison des complications internes possibles.

Le Caire, le 18 avril 1919.

(Signé) Dr MAHGOUB SABET;

Dr E. PUPIER;

Dr MAHMOUD MAHER.

ANNEXE N° 11^{B}

Quelques Scènes de Flagellation

PHOTOGRAPHIES

Cheik Mohamed Sabra / Cheik Abd-el-Samad / Hag Marii Hussein / Aly Mahmoud
(Ulama, maazoun, imam) / Barakat (etudiant) / (notable - fonct-re) / (fellah)

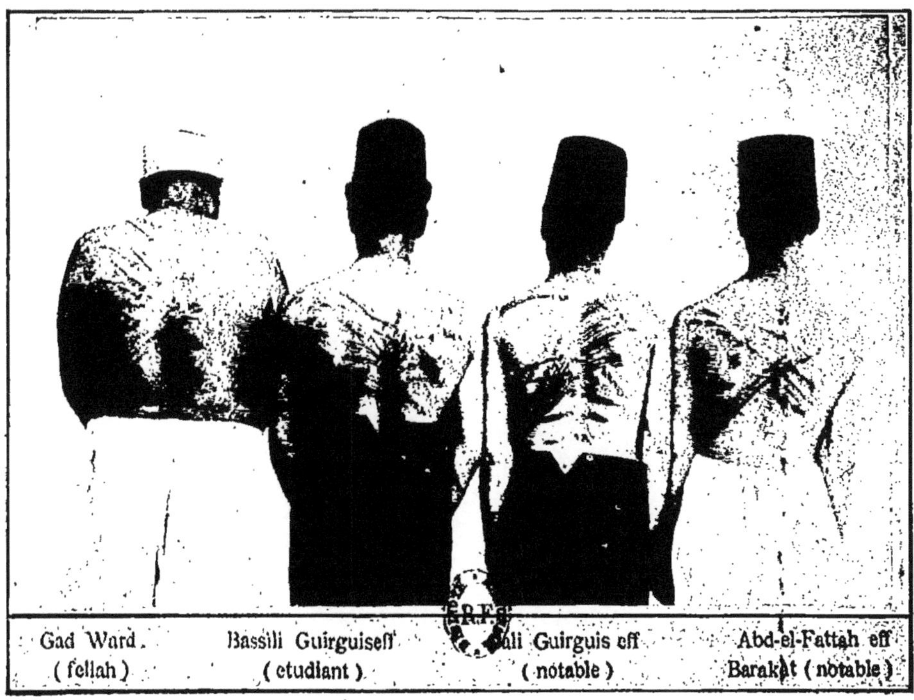

Gad Ward / Bassili Guirguiseff / Ali Guirguis eff / Abd-el-Fattah eff
(fellah) / (etudiant) / (notable) / Barakat (notable)

Moursi abdou   Saïd Korim   Ahmed Omran   Cheik abd-el-Fattah Marii
(fellah)   (fellah)   (notable)   (Ulama). el-azhar.

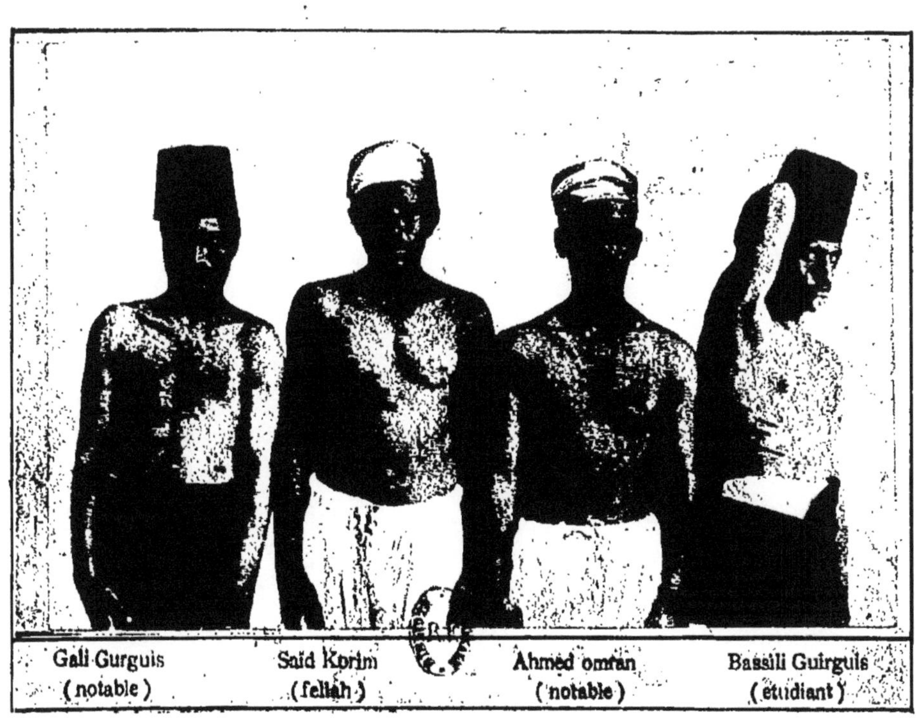

Gali Gurguis   Saïd Korim   Ahmed omran   Bassili Guirguis
(notable)   (fellah)   (notable)   (étudiant)

Abdel Hamid Omran | Mohamed omran | Mohamed-el-Fadli | Abdou Osman
(notable) | (fellah) | (fellah) | (fellah)

Cheikh Mohamed Sabra | Abd el-Hamid siam | Mohamed omran | Hag Mahmoud omran
(Ulama, maazoun) | (notable) | (fellah) | (notable)

ANNEXE N° 12

Copie d'une lettre envoyée de la Moudirieh (Préfecture) de Garbieh

au Ministère de l'Intérieur le 6 avril 1919.

J'ai l'honneur d'informer Votre Excellence que le Mamour (sous-préfet) de Kafr-El-Cheiнh, Abel-El-Kader Effendi Mukhtar, m'a remis, le 5 avril courant, un rapport contenant des informations recueillies par lui-même, des actes commis par l'autorité militaire anglaise, et dont voici le texte:

L'autorité militaire anglaise est allée à Kafr-El-Cheikh le 25 mars dernier et sans enquête préalable, a flagellé les habitants sans pitié ni clémence; elle a obligé le maire (Omda) de chaque village à lui présenter un certain nombre de personnes sans distinction de classe ou de situation sociale, pour les faire flageller; elle a obligé aussi les maires et les commerçants des villages d'apposer leur signature sur un document portant reconnaissance du protectorat anglais sur l'Egypte.

Le Mamour nous a priés d'informer le Ministère de l'Intérieur de ces faits.

Aujourd'hui nous avons fait venir le Mamour dans le cabinet de la Moudirieh, et, à la suite d'une longue discussion, il nous a convaincus de la nécessité absolue de porter sans retard à la connaissance du Ministère le contenu de son rapport. En même temps, le chef du Parquet de Tantah, de passage ici, nous a informés que le Mamour lui avait remis un rapport pareil à celui qu'il nous avait envoyé en lui demandant également de le faire parvenir au Ministère de la

Justice. Le Mamour nous a donné la copie d'une lettre qu'il a envoyée à l'inspecteur du Ministère de l'Intérieur datée du 31 mars et nous a remis aussi un rapport du 2 avril, au sujet d'une conversation qu'il avait eue avec le major Gent, inspecteur au Ministère des Finances, et qui travaille actuellement avec l'autorité militaire anglaise.

Nous adressons à Votre Excellence les trois rapports ci-haut mentionnés, pour répondre à la demande du Mamour. Nous savons qu'il se trouve en ce moment à Tantah, par ordre de l'autorité militaire anglaise, et ce depuis le 25 mars dernier; nous ignorons les mesures de rigueur qu'on aurait prises contre lui.

Imprimerie H. RICHARD, 3, rue Milton, Paris

9 782019 231682